男は3語であやつれる

Magic Words That
Manipulate Men

心理学者
伊東 明

PHP

はじめに――すぐに使えて効果バツグン！「秘密の呪文」を初公開!!

「男性心理・女性心理」の研究を始めてから、はや15年が過ぎようとしています。

いやー、考えてみれば、いろいろとやってきたものです。

調査や論文執筆などの学問的研究はもちろんのこと、「現場」での活動も精力的に行ってきました。

独身時代はなるべく合コンに行くようにし、「モテる人、モテない人。その差はどこにあるのか？」をひたすら観察し、その結果を本や雑誌連載にまとめました。合コンだけでは飽きたらず、お見合いパーティーにも顔を出し、「1分間の自己紹介で相手の心をつかむ秘訣」や「複数のライバルから頭ひとつ抜け出す法」も研究したものです。

また、「やっぱりプロというのはすごかろう」ということで、ホスト、キャバクラ嬢、美容師、化粧品のセールスレディ、紳士服売り場の女性店員、女子校の先生 etc.……と、仕事として「男心や女心をつかまなければならない人たち」にもたくさんの取材をしました。現場で培《つちか》われた実践の技術には、目からうろこが落ちることもたびたびでした。

もちろん、生《なま》の恋愛相談も非常に勉強になります。携帯の公式サイトの監修をやっていて、そこの相談コーナーには1カ月で数百件のお悩みが来るのですが（そのなかからピックアップしてサイト上で回答をします）、その相談を読んでいるだけでも「恋がうまくいく秘訣」や「陥《おちい》りやすいワナとその防止策」というのが自ずとわかってくるものです。少なく見積もっても、累計で1万件以上の相談を目にしていると思います。

こうした「男性・女性心理」に関する活動や仕事はいまでも続いており、書籍の執筆から企業研修（たとえば、女性が多い職場でどうやって男性がリーダーシップを発揮していくか、女性の心をつかむ接客の技術といったようなテーマ）まで幅広く行っています。好きでやっていることですので、活動を続けることができているのはほんとうにありがたいことです。

ただ、ひとつだけ悩みというか、少し残念なことがあります。

当たり前のことですが、私には「心理学の専門家」としての役割を期待されるので、「ああ、これは心理学的な根拠や学問的データには欠けるんだけど、これを覚えておくと絶対に役立つのになあ……でも、期待される役割とは違うしなあ……言おうか言うまいかどうしようかなあ……」という〝超実践テク〟をご紹介できないことが多いのです。

そのテクとは、私が現場で見出したネタ。心理学と関係あろうがあるまいが、根拠やデータがあろうがあるまいが、「これは絶対に使える！」と確信でき、実際に使った人からは「効果に驚きました！ すごい！」と絶賛されてきたネタです。門外不出、一子相伝《いっしそうでん》にしたいぐらいの、ほんとうは人に教えたくないネタの数々なのです。

モテる女性が必ず使っている魔法の言葉

そのネタのなかでも、もっともお勧めで、もっとも反響をいただいてきたのが「男をあやつる3語」。

なぜかすごくモテてしまう女性たちの会話によーく耳を澄ませたとき。キャバクラ嬢たちの会話をテープに録り、後からワープロでセリフを起こしてみたとき。スーツ売り場のナンバーワン女性店員のセールストークを分析したとき。彼氏から大切にされている女の子が彼に送ったメールを見るとき。円満夫婦の奥様が、旦那に投げかけるひと言を注意深く聞いているとき。……なぜか共通して浮かび上がってくる言葉の数々に驚きました。まるで陰陽師《おんみようじ》の呪文か、ソロモンの秘術なんじゃないかと思うくらいに、男心を「魔法のように」とらえてしまうのです。

そこで、研修や講演会等におけるコーヒーブレーク的な話として、「みなさん、男をあやつる3語ってなんだと思います? ご興味あれば、ちょっとご紹介しましょうか?」と、軽~くシャレ的なノリで挟み込んできました。

最初はちょっとおっかなびっくりでした。「自分だけひとりで盛り上がっちゃって、全然ウケなかったらどうしよう」「男をバカにするな!と怒り出す男性がいたらどうしよう」「3語だけであやつれるはずがないし、例外もあるはずだ（※そりゃそうです!）と変に生《き》真面目に受け取られてしまったらどうしよう」と。

ところが、ほんとうに意外なことに、すでに5年以上も日本全国各地、あらゆる職業や年齢層の方々にご紹介してきたのですが、みなさん笑ってくださり、「使えそうだ!」と感心してくださり、男性たちも大喜びで「いや-、それを言われたら確かに弱いですね-」と器《うつわ》の大きいところを見せてくださっています。

実際に「あの3つの言葉を使って結婚しました!」と報告を受けたことも2度、3度ではありません。もちろん、お世辞で言ってくださっていることも多いのでしょうが、自分としては予想以上の反響だったということだけは確かなのです。

あなたにもこの魔法の言葉をぜひ楽しんでいただき、男性心理を理解するためのお手伝いとなれば幸いです。で、ちょっと使って、「うわ、ほんとに効果があった！」なんて少しでも実感していただけたらとってもうれしいです。それであなたの恋がうまくいったり、彼氏や旦那様との関係が良くなったなんてことになったら、最高ですね！　どんな形でもいいので、この本があなたのお役に立つことを心から願っております。

そうそう、この本をより楽しんでいただくために、最後にもうひと言です。ぜひこの本は「軽く・明るく」、ある意味シャレとして読んでくださいね。「これを全部やらなきゃいけない」と思うと、「そんなの無理よ！」「そこまでしたくはないわ！」「私はキャバ嬢じゃないんだから！」ってことになってしまうでしょう。

ほら、英会話だって、たくさんあるフレーズのなかから、まずは言いやすいものやお気に入りのものを少しずつ使っていくことで上達していきますよね。この本にも、男性という外国人（宇宙人？）に対する効果的なフレーズ……ありふれているようでいて、じつはなかなか言えていないものだったり、意外なものだったり、すでに言えていて気づかないうちにいままでよい効果を生んできたものだったり……が詰まっています。まずは、2、3コから、楽しく気軽に始めてみてはいかがでしょう。

アメリカ人に「Nice to meet you！」と言う感覚で、男の自慢話にとりあえず「すごーい！」と言ってみることから始めてみればよいのです。

伊東　明

男は3語であやつれる♥目次

1 「プライド」をくすぐっちゃいましょう！

5

「透明感」を輝かせて、愛され上手になりましょう！

※言葉の上についている♥は、本書編集部が20代～40代の男性30名に聞き取り調査をして得た結果（複数回答）に基づいてつけた、あやつれる度を表しています。

1
「プライド」を
くすぐっちゃいましょう！

男の心をつかもうと思ったら、とにかくプライドをくすぐること。これにつきます。本書まるごと一冊、このテーマだけでもいいくらいです。それほど、これは男性心理の基本中の基本なのです。

たとえば、男性ファッション誌を見ると、「できる男の必勝ノート術」「できる男はイタリア靴」など、「できる」という言葉が目立ちますよね。**男は「できる男」と思われたいもの**なのです。「できる」という言葉が、砂漠のオアシスのように、男の渇いたプライドを心地よく満たしていくからです。

それはなぜでしょうか。しつけ（難しく言うと社会的条件づけ）の要因が大きいのです。男性は小さい頃から「人に負けるな、勝て、優秀であれ」としつけられていきます。親からだけでなく、社会全体からそのようなメッセージを明快に・暗黙に受けるのです。

たとえば、男の子の遊びは、たいてい勝ち負けがつく種類のものだし、マンガも『巨人の星』『ドラゴンボール』『スラムダンク』など、「勝利」が大きな要素になっている。それが女性とは大きく違うところです。女の子は、たとえばおままごとで「どっちがいいママか決定戦」なんてやりませんよね。

そうやって幼い頃から「負けることは恥ずかしい、できない男は恥ずかしい」というプライドが培《つちか》われていくのです。つまらないことで競《せ》り合おうとしたり、女性からするとどうでもいいようなことを知っているだけで威張ったりするのは、そのプライドのなせるわざなのです。

だからこそ、プライドを傷つけられると、女性が想像する以上に落ち込んだり、怒ったりしてしまう。逆に、**プライドをくすぐられると、これまた女性が想像する以上に、喜んだり、急にやさしくなったりする**のです。たとえば、

「とっておきの店を見つけたぜ！」

と得意満面で彼女を連れて行って、彼女に、

「えー、ここだったら知ってるよー。有名なチェーンのラーメン屋じゃない」

なんて言われた日には、割腹《かつぷく》自殺ものです。ところが、そのラーメン屋を褒めたたえてくれて、

「こんなラーメン初めて！」

なんて言ってくれたらもう、天上界にも上れるのです。

バカみたいと思うかもしれませんが、それほど男はプライドの生き物なので

す。女性のみなさんには「実感」として、いかに男にとってプライドが大事かがわかりにくい分、非常にここが大きなポイントになると思います。

たとえば、「いい女像」においても、プライドという軸からは大きな男女差が生まれたりします。すきのないファッションでびしっときめて、仕事もバリバリとこなし、休日は外車でゴルフ場へ。英語とフランス語がペラペラで、レストランもワインも一流のものを知っていて、完璧な教養を身につけていて……という女性が「いい女」だと思っていませんか。

そのような女性はたしかに「いい女」です。とっても素敵です。……が、こと「男心をつかむ」というシーンに限定をすると、たいていの男性は、こういう完璧な女性を前にしたら、ビビッてとても声などかけられません。相手の女性が完璧な分、「ダメなオレ」を見せつけられ、プライドが傷ついてしまうからです。

女性としては「私はランクの高い女よ」アピールのつもりで、男性の自慢話に「すごい」と言ってあげなかったりする。また、つまらない女と思われたくなくて、「それ知ってる」と、男性と同等の知識を持っていることを印象づけようとしてしまう。でもそれは逆効果なのです。

決して男尊女卑《だんそんじょひ》ということではなく、**男性はどこかで「自分に勝たせてほしい」「オレ様でいさせてほしい」と思っている**のです。「いい女」をやめなさい、と言っているわけではありません。「いい女」にプラスして、どこかで男に花を持たせてあげられる「かわいさ」があると効果的ということなのです。むしろ、一見すきのない女性だからこそ、「○○さんのお話はほんとうに面白いですね」と言えたら、普通の女性が言うよりもずっと効果が大きくなるのです。

それでも、男性のプライドをくすぐる＝男性をおだてていい気にさせるなんて抵抗がある、と思う人もいるでしょう。バカっぽい、そこまでしたくないと思うかもしれません。もちろん、それはそれでけっこうです。でも、ちょっとした言葉の使い方ひとつで大きな効果を生むのは事実なのです。

たとえば男性にひと言「さすがですね」と言ってあげても、別に失うものはありませんよね。得るものと失うものを考えてみて、「ま、それぐらいは言ってあげてもいいかな」と思ったら、ぜひ実践してみて、効果のほどを確かめていただきたいものです。

「すごーい！」

以前、週刊誌の連載に協力してくれた、現役のキャバクラ嬢と雑談をしていたときのこと。彼女に「伊東さん、お昼は何を食べたんですか？」と聞かれたので「ああ、トンカツだよ」と答えたら、間髪いれず「すごーい！」という言葉が返ってきたのです。びっくりして、「え、なにがすごいの？」と聞き返すと、「えー、わかんなーい」。その10秒後に、とってつけたような冷めた笑顔で「うーん、なんか男らしいじゃないですかー」。

でも、「すごーい！」と言われたとき、不覚にも気持ちよかった自分がいました。人生の悟りを得た瞬間でしたね。

それ以来、モテる女性を観察していると、たしかに「すごーい！」が連発されていることに気づきました。たとえば、あるとき居酒屋で、私たちの隣で合コンをやっていたグループ。最後に「会計、4万5000円だから、一人7500円ね」と一人の男性が言った途端、女性チームが一斉に「すごーい！」「計算はやーい！」「頭いーい！」。その瞬間の男性のうれし・恥ずかし・でも得意げな表情といったらもう……。そして、「オレ、昔から計算得意なんだよね」というところから、男性チームの「オレ自慢話」が始まったのでした。

自分自身を振り返っても、昨日固いビンのふたを開けた瞬間、妻に「すごーい！」と言われて、単純に「オレってすごいな」と思ってしまいました。正直、心のなかでにやっと笑いました。「だろ？」みたいな。固いふたを開けただけなのに、**これまでの人生すべてが肯定されたような気分**です。

「そりゃ、おまえだけだろ」と厳しくつっ込まれそうですね。でも、**この「すごーい！」は**、どんな男性に聞いても「これには弱い」と誰もがうなずく、**最強のフレーズ**なのです。

ウソだと思うなら、まわりの男性に聞いてみてください。「オレはそんなんで心を動かされるようなヤワな男じゃないぜ」的なことを言われたときこそ、「すごーい！」と返してみてください。一瞬ニヤリとするのがわかるはずです。「すごいなんて言葉で動かされないほど、オレはすごい男なんだ」と彼は言いたいのです。

言い方のコツとしては、20代前半ぐらいまでの女性なら「すご〜い」と、やや鼻に抜ける感じもいいでしょう。でも、20代後半からや、少しフォーマルな社交の場、ビジネス上では、やはり大人っぽく、かっちりとした言い方ができるようになるといいですね。明るくさわやかな感じで、「そうですか、すごいですね」。もしくは少し冗談っぽい感じをわざと出して、「さすがですねー」(「さすが」は「すごい」のバリエーションとして覚えておいてください)もいいでしょう。

以前、セミナーのときに、50代のノリがいい女性が「私もやってみまーす」と、みんなの前で「すご〜〜い!」と思いっきり鼻に抜ける感じでやってくださったのですが、本人もまわりも「むしろ怖っ!」と引いてしまいました。私も心底怖かったです。やはり、年齢やキャラによる「言い方」の調整も大事だなあと実感したものです。

そうそう、自称「狙《ねら》った男は必ずモノにしてきた」という女性から聞いた話なんですが、ここぞというときには「すごーーーい!」と、″ー″の棒の部分をのばすと効果的なようですよ。

男性は好きになった相手には、「すごいオレ」をわからせることで好きになってもらおうとするところがあります。女性の場合は、好きになると逆に相手のことをもっと知りたくなって、相手を知ろうとする会話を始めますよね。「あなたのことがもっと知りたいわ」って。でも男性の場合には、相手を好きであればあるほど、「オレ自慢話」や「オレ論」をまくしたててしまうのです。

「すごーい!」の破壊力はほんとうにすごいです。では、ほめるポイントがないときはどうするのかというと、「すごーい! 手大きいね」でいいんです。どこもすごそうなところがないなら、とりあえず**「○○さんてすごいですよね」→「え、なんで?」→「うーん、なんかすごいですよー」**ぐらいの大胆さを示してみましょう。

外国人を見たらハロー、犬を見たらお手、男を見たら「すごーい!」なのかなあと、ひとりの男として、せつなくも楽しい気持ちになることがよくあります。

これは、深く考えたらできません。ほんとうにすごいんだろうかとか、考えてしまってはこのフレーズは出てこない。脊髄《せきずい》反射くらいで言ってしまうことです。

やっかいなのは、これを言うと男性は調子にのって、ずっと自慢話やオレ論を語り続ける確率が飛躍的に高まることです。ですから、ほんとうにこの人の心をつかみたいとか、あるいはマザー・テレサのような慈愛の心で、この人を元気づけてあげようとか思ったときだけに使うようにしてください。

しつこいですが、ほんとうにどんなことでもかまわないんです。

「この間フグを食べたんだけどさあ」↓「すごーい！」。

「サッカーチームに入ってるんだけどね」↓「すごいですねー」。

「その時計、素敵ですね！」↓「ああ、この間ドイツに行ったときに買ったんだよ」↓「すごーい！」。

年齢が上がると、「すごーい！」とはなかなか言いにくくなりますよね。「そんなことで自慢しちゃって、ケッ」と思うようになる。でも、**男性は自分の話に素直に感心してくれる女性が好き**なのです。それが男性が若い女性に目を向けがちな理由のひとつになっていることも、あながち否定はできないと思います。

「すごーい！」と言われたいがために、デートに自分が作った半導体を持って来た技術者がいたほどです。2時間も延々とその半導体の説明をしてくれたそうです。そこで引くのではなく、「すごーい！」と言えるかどうか。もしかしたら、人生の分かれ目かもしれませんね。私が女性だったら、「いえ、私、半導体には特に興味がないんで」と冷たく言い放ちますけどね。

男性の会話を聞いていると、結局「すごーい！」と言ってほしいんだな、ということがわかってくるはずです。小学生の男の子が「僕ガンダムのプラモ作ったんだぞ、すごいんだぞ」って言っているのと同じです。だから、「すごいねー、えらいねー」と子どもの頭をなでてあげる感覚で、言ってあげればいいのです。

「こんなの初めて！」

男性が気張って高いフレンチレストランに女性を連れて行きました。

そんなとき、言われると男としてほんとうにうれしいのが、「私、こんな本格的なフレンチ初めて！」というひと言。これで男の喜びポイントが当社比80％アップします。

「初めて！」と言われると、プライドがくすぐられ、いい意味で**自分が上に立ったような気持ちになれるのです。**「そうかそうか、初めてか。ぬしはういやつじゃのぉ」みたいな。

一方、「ここ来るの、今日で3度目なんだあ」とか「ここってねー、最近まで恵比寿の○○にいたシェフが移ってきたんでしょ」なんて言われてしまった日には、「ああ、そうなんだ、へぇー」なんて愛想笑いを浮かべつつも、心のなかでは「もう、どうにでもなれ」ってガクンとテンションが落ちてしまうのです。

メニューを開いたら、「フォアグラなんて初めて」「トリュフ食べるの初めて」と、「初めて」の対象はなんでもOK。

食事しながら会話をしているときには、ちょっとした打ち明け話をして、「こんなこと人に言ったの初めて」（※さらに「他の人には絶対内緒ですよ」なんてつけ加えると攻撃力がいっそう高まります）。

打ち明け話の内容は作り話でもいいんです。「じつはお父さんとあんまり仲良くなくって」程度の、たいした秘密でなくてかまいません。彼がそれについて説教めいたことを言ったら、「そんなふうにきちんと意見を言ってもらえたの初めて」。

帰り際にはもちろん「こんなにおいしかったの初めて」「こんなに楽しかったの初めて」です。これで、男は高いお金を出したかいがあった、報《むく》われたと感激するはずです。

もちろん、これは、いくらでも使えるという例として挙げたまでであって、実際これほど連発しろと言っているわけではありません。あんまり言い過ぎてしまうと、どっかの王女がお忍びで庶民の街に来たのか、それとも、人間に化けた宇宙人が初めて地球旅行に来たのかと思われてしまいますからね。

お店に入った瞬間に「こんな本格フレンチ初めて」、食事中の会話で「こんなこと人に言ったの初めて」、帰ってからメールで「こんなにロマンチックだったの初めて。ぜひまた誘ってくださいね！」の3回くらいなら、不自然でなく言えるのではないでしょうか。「初めて」に抵抗があるのなら、「なかなかない」「めったにない」はどうでしょう。「銀座でお寿司を食べる機会なんてなかなかないですよ」「本気で意見を言ってもらえることって、めったにないですからね」といった感じです。

Hに関しても同じです。ある大学生カップルの女性が「こんなに感じちゃったの初めて」と彼氏に社交辞令を言いました。そしたら、その男性はサークル中の男性に「おい、この間、『こんなに感じたの初めて』って言われちゃったよ。おまえ言われたことあるかよ？」と得意げに言いふらすもんですから、学内で会う友だちに「なんかすごかったんだって？　どんな感じだったの？」と何度も聞かれ、大変困ったそうです。

逆に、自分をふった元彼に仕返ししたければ、「いま彼とのセックスで、私は初めて性の喜びを知った」的なことを言えば、強烈なダメージを与えることが可能です。「私、Hで初めてイッちゃった。こんなに気持ちよかったの初めて！　いや、別に、あなたとのHのときに演技してたってわけじゃないんだけどね（笑）」とメールを書けば、まあ間違いなく男性は奈落の底に突き落とされるでしょう。なので、元彼によっぽどひどいことをされたとき以外は、勘弁してあげてくださいね。

そして、究極的には、**「あなたみたいな人初めて」。これを言われて感激しない男はいないはず**です。

「頼りになるー」

「頼りになる男」が、男性にとっての理想の男。頼られると、「頼りにされるほどできるオレ」ということでプライドをくすぐられるのです。

それを利用して、男性に何かをしてほしいときには、まず**「頼っちゃっていいですか？」**のひと言をつけ加えると効果的。いきなり「ねえ、あの荷物取って」と言うのか、「ちょっと頼っちゃっていい？　あの荷物取ってくれないかな」と言うのとでは、大違いなのです。

頼りにしていると思わせる**いちばん簡単な方法は、悩みごとを彼に打ち明けてみること。**内容は仕事のことでもいいし、カジュアルなことでもいいのです。

（○○さんは頼りになる存在だから相談するんですけど、という気持ちを込めて）「こういうときはどうしたらいいんですか?」と持ちかけてみる。すると、もともと男性は説教が大好きなので、おそらく「こうすればいい、ああすればいい」と語り始めることでしょう。そしたら、「すごーい」という気持ちを込めながら「そうかあ」「なるほどねぇ」と感心したように相づちを打つ。最後には「こんなにきちんとアドバイスしてもらったの初めて。相談してよかったです」と複合ワザに持ち込む。「これからも頼っちゃっていいですか?」などと付け加えられたら、完璧すぎて怖いくらいです。

ささいなお願いをするだけでもいいのです。「ちょっと頼っちゃってもいいですか?パソコン一緒に選んでくれませんか?」でもいいし、「今度、友だちとごはんを食べに行くんですけど、どこかいいお店知りませんか?」→「ああ、表参道にいいイタリアンがあるよ」→「わー、頼りになるー!」のようにも使えます。

あるお宅で、「お父さんが淹《い》れるコーヒーはやっぱり違うわね、おいしいわね」と言い続けていたら、家事などまったくしなかったお父さんが嬉々としてコーヒーを淹れるようになった、というエピソードを聞きました。そこで奥さんは調子に乗り、「お父さんは我が家のコーヒー部長ね!　頼りにしてるわ!」と部長に任命したそうです(会社では係長)。すると、お父さんはお客さんが来るたびに「オレ、部長だから」と喜んでコーヒーを淹れてくれているそうです。部長として頼りにされているので、コーヒー豆の選定から、淹れ方、サービスに至るまで、すべて責任を持ち、お客様満足のためには手を抜けないのです。

男はいつまでも、頼られる存在でありたい。逆に、頼られないと寂しくなってしまいます。だから、女性には（多少の）わがままを言ってほしい。彼女や奥さんがわがままで……と愚痴っている男性は、そう言いつつもどこか得意げだったりしますよね。「女性がわがままを言えるほど、器が大きく頼りになるオレ」という喜びに浸《ひた》っているからです。

応用ワザで**「○○さんの前だとついわがまま言っちゃうの」**というのもよく効きます。言外に「だって、あなたってほんとうに頼れる存在だから」という雰囲気を思いっきり醸《かも》し出してあげるのです。

「教えてください」

男性は基本的に「教えたがり」なので、「教えてください」という言葉も大好きです。「教えられるぐらいなんでも知ってるオレ」というプライドがくすぐられるからです。男の「教えたい願望」を引き出し、満たしてあげることは、彼にとってもあなたにとっても得るものが大きいでしょう。

ただし、ワイン好きな人に、「○○さん、ワインに詳しいんですよね、ぜひ教えてください」と言えば、むしろ大変なことになるかもしれません。

今度、友だちのウチでやるパーティーに赤ワインを一本持って行くんですけど、何かいいのありませんか？」から始まる会話。男の「うんちくスイッチ」がオンになる瞬間です。「予算は？」「合わせる料理は？」などの質問とともに、「そうか、ステーキ系なら、ボルドーでまとめるのが無難かな……」などと講義のようなひとり語りのような長～い話が始まるはずです。

そこで、「うわ、ほんとに詳しいんですね。今度ぜひワインを飲みに連れてってくださいよ」と言えば、おいしいワインも食事もご馳走してもらえて、おまけに好感度までゲットできてしまいます（ただし、さらに長いうんちくを聞かされることにはなりますが）。もちろん、彼も、にわかソムリエとしてのプライドが満たされ、非常に気持ちよくなれるのです。

こんなふうに、**相手の得意部門で「教えてください」と言うのがいちばん簡単**でしょう。

たとえば、広告代理店の人との合コン。「あのCMオレが作ったんだよね。キミ、そういうの興味ある？」などと言う人が必ず一人はいるものです。そこで「えー、どうやって作ったの？　教えて教えて」。

趣味系で「いま流行《はや》っている自動車ってなんなの？　私、今度買うかもしれないから、教えてもらえないかな」。

時事問題で「粉飾決算ってどういうことなんですか？　教えていただけませんか」。

オタク系のA－BOY君なら「ガンダムってなんであんなに人気があるの？　よく知っている人に一度聞いてみたかったんだあ」と、なんでも使えます。さすがに、「日本の首都ってどこだったけ？　教えて教えて」みたいなレベルでは男性もあきれてしまうでしょうが、応用範囲は非常に広いのです。

まずは相手の仕事や趣味について尋ねて、それについて「教えて教えて」と言ってしまうのがいちばんやりやすい方法です。そして教えてもらったら**「勉強になりました」「聞いてよかった！」**のひと言でダメ押しを。**「○○さんに聞いてよかったです」と名前を入れるとさらに効果的**です。プライベートでも会社でも使えるのではないでしょうか。

「教えて」と素直に言われてイヤな男性は絶対にいません。教えてもらっている最中は、「えー知らなかった」「ほんとに!?」といったリアクションをすると、さらにプライドをくすぐることができます。そして、「すごく頭いいんですね」「いろいろ情報を持ってるんですね」と、〝すごーい〟系や〝頼りになるー〟系にもっていってもいい。リアクションまでセットにして、ぜひ合わせワザでお使いになることをお勧めいたします。

男は3語であやつれる

「あなたの目はごまかせないわ」

先日、あるフレンチレストランにて、「Ｔｈｅ　うんちく男」に遭遇しました。

女性相手に「トゥールダルジャンって知ってる？　フランスのポール・ボキューズっていう3つ星レストラン知ってる？　そういえば神楽坂の××、あそこもけっこうがんばってるよ。まあ８０００円のコースにしてはまっとうな料理を出すよね。こないだあそこでマルゴー頼んだんだけどさ……」と、延々と続く。

連れて来られたらしい若い女性たち（おそらく会社の部下か？）が、「すごーい！」とか「えー、どんなお店なんですか？　教えてください」なんて言わないもんだから……というか、あからさまにつまんなそうなリアクションしかしないもんだから……自慢話がエスカレートしてしまっているんですね。

そうはいっても、このテの男の場合、「すごーい！」と言えば言ったで、さらにエスカレートするだけなので夕チ悪いんですが。ついに彼は、「今日のフォワグラの焼き加減はいまいちだね」などと言い始める始末です。

結局彼は何が言いたいのかというと、「オレの目はごまかせないんだぞ、そんじょそこらのやつらとは違うんだ」ということなのです。「フランス料理の目利き」であることをみんなに認めてほしいわけです。一見、お店に対する批判や批評をしているように見えたとしても、じつは「それぐらいのことがわかってしまうオレ」を見せることが動機の大半であることが多いのです。

そのテの男性には「○○さんぐらいフレンチに詳しいと、いろんなことがわかってしまうんですね」**「○○さんの目はごまかせませんね」と言ってあげると大喜び**です。尊敬と同情のまなざしで、「そんなに通になっちゃうと、私たち素人みたいに、単純に楽しめなくなったりしないですか？」なんて質問をしたら、さらに破壊力抜群です。はち切れんばかりのプライドエネルギーが彼の全身を駆けめぐり、金色のオーラが彼の背後に見えることでしょう。

気をつけてください。そんな彼が、「○○っていう店は最高だよな」などと言ってきたとき、ついうっかり「えーそうかな、私は接客がイマイチだと思ったけど」なんて言おうものなら大変です。ためしに実験してみてほしいのですが、すごい勢いで「おまえの目こそ節穴だ」と言わんばかりの反論をしてくるはずです。目利きとしてのプライドが傷つけられてしまったのです。

そんなふうに議論になってしまって、悪い方向に行きそうになったときには**「私もまだまだ甘いなあ」「○○さんには勝てないわ」「私ももっと勉強しなきゃ」**と、最後に負けたフリをしてあげるといいでしょう。

負けた「フリ」でかまわないのです。男性は、犬がおなかを見せた犬を攻撃しないのと一緒で、負けを認めた相手には寛大になります。「そうかあ、そういう意図があって、あいう接客なのね。気づかなかったわ」なんて言ってあげると、「いや、まあ、たしかにもっと笑顔の接客があってもいいよね」とコロッと変わったりするものです。

女性同士の場合には「どっちが目利きか勝負だ！」なんてことはしないですよね。だから気づきにくいかと思いますが、男性は目利きであることにプライドをかけている場合も多いので要注意です。

……と、ここまで書いてきて、ふいにいま気づきました。私はテレビを見ながら「この芸能人、絶対に整形だぜ」と得意げに言うことが多いのですが、そのたびに妻が「よくわかるわねー。あなたの目はごまかせないわね」と言ってくれていることに。これが内助の功というものなのですね。

「やっぱり○○さんじゃなきゃ」

たとえばクラブのホステスさんが、お客さんにバッグをおねだりしようとしているとき。バッグがほしい、と告げて、「オレよりもっと金持ちの客に買ってもらえよ」とかわされたら、すかさず「私はあなたからプレゼントしてほしいの」**「他の人からもらうんだったら意味がないの」**。これで男はだいたいやられてしまいます。なぜかと言うと、自分だけが特別だと思わされるからです。こうした商売では**「他の客は単なる客だけど、オレだけは客じゃない。特別な存在だ」と思わせるのが基本です**からね。

男はその他大勢、ワンオブゼム（one of them）になることを嫌がります。知り合いの編集者が、ある翻訳本に『その他大勢から抜け出す成功法則』という邦題をつけました。これには心底「やられた！」と思いましたね。男性心理を考えると、完璧なタイトルです。

案の定、ベストセラーになっているそうです。

そう、男は常に特別な人間でありたいのです。女性ももちろんそうだとは思いますが、女性の場合には、一般論ではなく「愛する人にとっての特別な存在であること」を求めていたり、「他の人と同じになりたくない。でも、同じでなきゃ仲間はずれになる」といった葛藤が男性よりも強い傾向にあるのです。

男性は「あなたじゃなきゃダメなの」と言われると、「オレがやらなきゃ」とはりきってしまうのです。「やっぱりお酒を楽しく飲むには○○さんと一緒じゃなきゃね」「やっぱり○○のことは佐藤さんに聞かないと」と言われると、俄然やる気が出るもの。食事や飲みに誘ってみて、都合が悪いと言われたら、「私はこのお店は○○さんと行きたいので、○○さんの予定が空くまで待ってますね。そのお店はとっておきますから」なんて言われたら、最高の気分になる人も多いでしょう。

ただ注意したいのは、「あなたじゃなきゃダメなの」「あなただけしかいないの」をやりすぎてしまうと、ネガティブな重たい女になってしまうことです。このフレーズを使うとしたら、前述の食事や飲みの誘いや、軽い依頼のときなど、ささいなことに使うほうがいいと思います。もしくは、重いことなら、一回きりの使用におさえることです。

応用ワザとして、「どこに行きたい？」と聞かれたときなどには「〇〇さんと一緒だったらどこでも楽しいよ」というフレーズも効果的です。

私も以前、実際に「お任せします。伊東さんが選ぶお店だったら、絶対にいいお店だと思いますから」と言われたことがありました。そのときは必死でお店を探して、いつもよりスリーランクぐらい上のレストランを予約した記憶があります。

ちょっとグレードの高いお店に連れて行ってもらったら**「こんなお店、〇〇さんと一緒じゃなきゃ来られないですよ」**。ディズニーランドに行ったときなどには、**「こういうところも、〇〇さんと一緒じゃなければ楽しくないですよ」というふうにも使えます**ね。「あなたは特別」というサインを送られると、男性はそれだけでうれしくなってしまうものなのです。

「あなたがそう言うのなら」

全米で数百万部も売れた名著である『賢い女は男を立てる』（ローラ・ドイル著、中山庸子訳、三笠書房）という本で発見した、目からうろこのセリフです。

私の家庭も、このフレーズによってかなり平和になりました。妻となにかについて主張し合ったりしているときに、妻に**「あなたがそう思うんだったら、そうしようよ」と言われると、急にやさしいモードになります**。「いや、まあ、ほんとうはどっちでもいいんだけどね」みたいな。

むしろ、「いかん、これで失敗したらオレのせいになってしまう」と急に気弱になったりもします。で、冷静さとやさしさを取り繕《つくろ》いながら、「まあ、でも、今回はキミのやりたいほうにしようよ」なんて、急に方針転換したりして。

ほんとうに不思議なものです。「私の言っているほうが正しい」みたいにこられると、意固地になって「いや、オレのほうが正しいんだ」となるくせに、「あなたがそう言うのなら」とこられると、「いや、どっちでもいいよ」となる。

なぜそうなるのかを考えてみると、プライドをくすぐられているからだということは確かなのですが、それ以上の理由は正直言ってわかりません。もう「魔法の言葉」という気さえします。これは私だけではないようです。

家具売り場のベテラン店員さんに教えてもらった話です。

お父さんの「これいいんじゃないか」という言葉を家族があっさり否定すると（例：「だめよ、お父さん、それ。部屋に合わないじゃない」）、お父さんは意固地になって「絶対にこれがいいんだ！」みたいになるか、「じゃあ、もう、おまえたちの好きにしろ」とやる気をなくしたり、すねたりしてしまう人が多いそうです。

ところが、「お父さんがそれがいいんだったら、そうしようか」なんて言葉が返ってくると、「いや、まあ、おまえたちの好きなものを選べばいいよ」というふうになることが少なくないそうです。

でも、正直、このフレーズの使用には難しい面も多々あると思います。

「オレ、会社を辞めてアフリカで暮らそうと思う。これからは大地とともに生きるんだ。ついてきてくれるよな？」といきなり言われても、「あなたがそう言うのなら」とは言いにくいでしょう。

同様に、「浮気は男の本能なんだ。だから、これからもオレは浮気をし続けるぞ」に、「あなたがそう言うのなら」なんて返す必要もまったくありません。

そう、このフレーズは、「まあ、それほど争うことでもないかな」「私としてはほんとうはこっちのほうがいいと思うけど、それで彼（夫）のご機嫌がよくなるんだったら、ま、いいか」ぐらいの軽いテーマのときのみに使うといいのです。それがあなたにとって非常に重要なことであったり、彼のご機嫌を多少損ねてでもこの意見を通すべきだというときには、使う必要はないのです。

ただ、**男性とうまくつきあおうとするときには、「柔《じゅう》よく剛《ごう》を制《せい》す」の法則がある**ことは覚えておくといいでしょう。

「私のほうが正しいんだ！」という強い力で迫ると、同じかそれ以上の強い力で「いや、オレのほうが正しいんだ!!」と返してくる。一方、「あなたがそう言うのなら」「たしかにあなたの言うことにも一理あるわね」「そこは気づいてなかったわ、ごめんなさい」と、ふっと力を抜くと、相手も力を緩めてくれる。

１００％の保証はできませんが、やさしいモードや〝聞く耳〟モードが高まる可能性はグンと大きくなります。男とのつきあい方の極意は「合気道」の精神にあり！　私は常々そんなふうに思っています。

「甘えちゃっていい？」

みなさんは、「おごられたときのリアクション」はお上手ですか？　恋愛相談を見ていると、「おごってもらってもいいのか」「おごられたときはどういうふうに振る舞えばいいのか」に悩んでいる人も少なくないようです。

では改めて考えてみましょう。まず、かたくなに拒んでしまうのは完全NG。「いいです、いいです、ほんとうにいいですから」と言われると、逆に男性は困ってしまうでしょう。まわりの男性に聞いてみたところ、遠ざけられているような、見くびられているような、「ちょっと寂しい気持ち」がするという意見が大半でした。

女性としては、思いやりや謙虚さ、礼儀正しさを見せているつもりだとしても、男のプライドを傷つけてしまいます。「金はなくとも、後輩にはおごってあげる」のが男性の美学のひとつであることからもよくわかります。

かといって、あまりに当たり前におごられてしまうのも考えもの。吉〇家の牛丼（並）ぐらいだったら、そっけない「あ、ごちそうさまでーす」でも大丈夫かもしれません。でも、雑誌などのアンケートを見ても**「おごられるのが当たり前だと思っている女」は、嫌われ女性の上位**に必ず位置しているのです。

ではどうすればいいでしょうか。まずいったんは「あ、私も出します。おいくらですか?」と断りましょう。そうしたら、大半の男性は「いいよ」「ごちそうするよ」と言ってくれるでしょう（たまーに、「ラッキー！　じゃあ、2350円ね」と端数《はすう》まできっちり教えてくれる男性もいるそうですが）。

そこでもう一回我慢して「え、でも、悪くないですか?」。すると、男性の2回目の「いや、ほんとうにいいよ」。

そこで、いよいよこのフレーズです。**「ほんとにいいんですか?」「甘えちゃっていいんですか?」**。

あなたは頼れる存在なのよ、とプライドをくすぐりつつ、遠慮がちな言い方にすることで謙虚な印象も与えられ、しかも自分の要求も通せる、という、とても便利なフレーズなのです。その後に明るく、感謝の気持ちを込めて「じゃあ、ごちそうになります。ありがとうございます」と言えば、間違いなく好感度は大でしょう。

これらのフレーズは、男性に何かしてもらうときの会話で必ず入れておきたい枕詞《まくらことば》のようなものです。

比較的若い女性だったら、「ちょっと甘えちゃっていーい？　アイスおごって」なんて言ったらかわいらしさが伝わるでしょう。もうちょっと年上の女性なら、「甘えてもいいですか？　おいしいお酒ごちそうしてください」のように使うといいですね。「甘えられる＝自分の器の大きさを確認できる」という式があるからこそ、大半の男は甘えられて悪い気がしないものなのです。

「甘えちゃっていい？」の応用で、「わがまま言ってもいい？」というのもあります。たとえば、「わがまま言ってもいい？　今日は一緒にいたいの」なんていうのもすごくいいと思います。

こういうフレーズは、日ごろ「強い女性」というイメージがあるような人が言うと、かえって効果が大きいでしょう。恋愛相談を受けていると、「甘え下手で損をしているな」という人が多いだけに、ちょっと使ってみるといいかもしれませんね。

「大人は違いますね」

男性向けの雑誌、特にちょっとハイグレード系の雑誌なんかを見ると、「大人の隠れ家レストラン100選」「大人が使えるシガーバー」「大人のスーツ着こなし術」といった〝大人〟という文字がよく躍っているものです。

男は「大人の男」にあこがれます。逆に、「ガキ」であることを嫌います。「ガキのためのレストラン100選」「ガキのスーツ着こなし術」なんてあまり目にしませんよね？

「大人ですね」は最上のほめ言葉のひとつなのです。

ですから、**「大人ですねー」「大人は違いますね」「大人って感じですね」**とぜひ言ってあげましょう。尊敬の態度で言えば、ほとんどの男性は喜んでくれるはずです。

これは基本的に、相手が自分より年上でさえあれば、たとえ相手が20代でも、何歳でも使えます。「バーに連れて行ってください」なんて言って、連れて行ってもらったときに言ったりするのが簡単ですが、別になんでもいいのです。

男性がビール飲んでもワイン飲んでも「大人ですね」（子どもは酒を飲みませんからね）。なにか考えが深そうな発言をしたら「大人は違いますね」。決して「オヤジ」ではなく「大人」というところがポイントです。**男性は、オヤジには見られたくないけれど、大人だと思われたいんです**ね。

男性が考えるその「大人」とはなにかというと、いいお店やいいブランドを知っているといった軽いことから、発言に深みがあるとか、物事をよくわかっているとか、内面的なことまで様々です。

だから、たとえば「感動した恋愛小説」なんていう話題になったりすると、「オレはセカチューじゃない恋愛小説を知ってる大人の男だぜ」と言いたいがために、谷崎潤一郎を挙げてきたりする。流行りものの小説を「あんなのは子どもが読むものだ」などと言ってみたりする。

そこからは「教えて教えてー」で語らせてあげましょう。「谷崎ってどこがすごいんですか？」って。そして感心したように相づちを打ちながら話を聞く。途中で「大人の小説って感じですね」なんてリアクションを挟む。最後には「なんか私も読んでみたくなりました。どの作品がいちばんお勧めですか？」なんて言ったらもう大喜びですよ。

高校生ぐらいの男の子でも、中学生のことを「チュウボーがさあ」なんて言ってバカにしたりしていますよね。男性は勝負型・序列型の生き物で、「自分は相手より上か下か」ということにこだわるので、自分を大人に見せたがるのです。

謙譲語と同じメカニズムで、**「私って子どもなんです」と自分がへりくだる**ことによって、「あなたは大人ですね」というメッセージを伝えるやり方もアリですよ。「ここは大人の雰囲気だから、ちょっと緊張しちゃいます」「こういうふうに考えちゃうのって、私が子どもだからでしょうか？」とか。一見大人っぽい女性が言うからこそ、逆に効果的だったりもします。急にその女性のことがかわいらしく見えてきて、男性はさらにはりきって「大人なオレ」を見せようとするはずですよ。

男は3語であやつれる

「どうしてそんなによくしてくれるの？」

そういえば、先日もドラマで黒木瞳さんがこのセリフを言っていましたね。

相手をほめるときのコツとして、「どうして」や「なんで」という言葉はとても効果的です。

「どうして」「なんで」の後には、普通は否定的な言葉が続くものですよね。「なんでそんなことするのよ!?」って。それを「なんでそんなに頭がいいんですか？」「どうしてそこまで人にやさしくできるの？」のように、**あえてポジティブな言葉と一緒に使うことで、印象が非常に強まる**のです。

「どうしてそんなに私のことわかっちゃうの？」「なんで私をそんなに楽しい気分にさせられるの？」など、ほめる＋好意を伝えるの二重の意味を込めてしまうのです。究極は

「なんでこんなに好きにさせちゃうの？」でしょうか。

なにかしてもらった瞬間に、うれしさの表現として使ってもいいですし、場を盛り上げるのが上手な人に対して「なんでそんなに面白いんですか？」というふうに使うのもいいと思います。Hのときに「どうしてそんなにHが上手なの？」なんて言われたら、もう、エベレストに単独無酸素登頂を果たしたかのような喜びに浸ることができるでしょう。

このようなフレーズは、難しく言うと「不完全質問」と呼ばれるものです。形としては疑問形ではあるけれども、ほんとうは答えを求めているわけではないからです。「どうしてそんなにやさしいの？」→「そうだなあ、第一に母親の教育、第二にキリスト教的宗教観からだろうか」なんて会話は求められていませんよね。

ですから、言い方としては、**ひとり語りのようにつぶやく**のがいいと思います。ちょっとよいお店に連れて行ってもらったときに、**「どうしてこんないいお店を知ってるんですか？」**といった簡単なところから始めてみてはいかがでしょうか。あくまで理想型ですが、「どうしてそんなによくしてくれるの？」→「だって君のことが好きだから」なんて、少女マンガ的な展開になることだって、あり得なくはないと思いますよ。

男は3語であやつれる

「○○さんみたいな人、なかなかいないですよ」

「眠れる獅子《しし》」「身を潜《ひそ》める龍《りゅう》」「在野《ざいや》の大賢人《だいけんじん》」。男性が大好きなイメージです。

ほとんどの**男は心のどこかで「オレはこう見えても眠れる獅子だぜ、ほんとうはタダ者じゃないんだぜ」という妄想を抱いて生きています。**

ただ、眠れる獅子も、ときどき起きてその姿を見せたくなるときがあるようです。「タダ者じゃないオレ」を見せたくてたまらないときがあるのです。「よくいるタイプ」と思われるのは大変な屈辱。「血液型、いかにもB型って感じするよね」などと、枠にくくられるとガックリきてしまいます。「オレはあえて眠れる獅子でいるんだ、でもそれを見抜けない世間のやつらがバカなんだ」ぐらいに思っているのです。

そこでこのフレーズの登場です。「○○さんみたいにやさしい人、なかなかいないですよ」。

「誠実な人」「会話が上手な人」「浮気しない人」「本質をわかってる人」など、ポジティブな言葉であれば、基本的になんでもアリです。「××商事に○○さんみたいな人はなかなかいないんじゃないですか。チャラチャラした人が多そうなイメージだから、意外ですよね」「○○さんぐらい彼女を大切にできる人、なかなかいませんよね」などというのも、プライドをくすぐられます。

男性は誰もが自分のことを「なかなかいないオレ」だと思っているのです。たとえば車好きの男性同士が集まっていても、それぞれが車の本質をいちばんわかっているのは自分だと思っている。だから「なかなかいない」を強調するために、ほかの男性の悪口をちょっと混ぜてみるとさらに効果がアップしたりします。「ワイン好きで○○さんみたいな人ってなかなかいないですよ。ほら、だいたいうんちく語りたがるじゃないですか。○○さんみたいにこんなにわかりやすく説明してくれる人なかなかいないですよ、いや、全然いないかも」とたたみかけてください（※この、ひとり語りのように、「……いや、全然いないかも」をつけ加えるのもポイントです）。

きっと、すっかりいい気分になって、さらに長いうんちくを語り出すはずですよ。

「あなたと一緒だと、ついお酒を飲みすぎちゃうの」

好きな人ができた。デートをするようになった。こっちはもう「ＯＫ」なのに、彼がなかなか最後の一線を越えようとしてくれない。自分から誘うのも恥ずかしいし、はしたない気もするし。でも何かしないとずっとこのままかも……そんな恋愛相談がよくあります。

解決策はいろいろありますが、まず簡単にできる方法として、「酔ってしまう」というのはどうでしょうか。いや、ほんとうに酔わなくていいのです。あなたに気を許している、だからつい酔ってしまう、酔ってしまうということは**あなたしだいでＯＫなのよというメッセージを伝える**のです。

女性からするとバカみたいでしょうが、男性は女性がたくさんお酒を飲んでいる時点で、期待が高まってしまうのです。「1杯飲むたびに、OK確率が10％上昇！」みたいな。そうそう、女性のみなさん、ぜひ気をつけてくださいね。男性向けのナンパ・マニュアル本では「とにかく酒を飲ませろ、とにかく終電を逃《のが》させろ」的なことがよく書いてあるんですから。

冗談ではなく、女性が最初になんのお酒を飲むかでも、男性は一喜一憂したりします。なんどか「女性が1杯目のお酒をなににするかで、男の気持ちがどう変わるか」を男性たちに取材したことがあるので、それを簡単にまとめておきましょう。

焼酎、日本酒なんて飲んでくれたら万々歳です。ただ、「純米大吟醸　黒龍　二左衛門をかなり冷やし目で」なんて言われた日には、「心して日本文化に向き合わなくてはならない」と違うモードになりますし、いかにも大酒飲みっぽい女性ですと「うわ、悪酔いしてからんできたりしたらどうしよう。くわばら、くわばら」と多少怖くなってしまうようです。

甘いカクテルだと女の子らしくてかわいいけれど、少々手ごわいなという印象（ソツがない分、すきもないという感じ）。「今日中は無理だな、という気持ちになる」との言葉をなんどか聞きました。

ビールだと、次になにを飲むかとりあえず様子見ですね。２杯目以降によって、どっちに転ぶかわからない。ただ、よそよそしいカベが取り払われて仲間意識が生まれるのがメリットですね。

ワインに詳しすぎる女性は、男性からしたら敷居が高いようです。ウィスキー、バーボン、ブランデーになってくると、むしろ怖いものを感じるという意見も多く出ました。

まず１杯ビールを飲んでくれて、そのあと「今日は楽しいから焼酎飲んじゃおうかな」「○○さんと一緒だとつい飲みすぎちゃうんですよね。楽しいからかな」というのが、ベタですが男性の理想のパターンです。**「○○さんと一緒だから」がポイントで、これがないと単なる酒好き**になってしまいます。

要注意なのは、これはほんとうにHしてもいい覚悟がなければ言ってはいけないフレーズだということ。**男性はこれを言われた瞬間にモードが〝野獣〟になって、**「あと２時間で……」と、**ゴールまでの時間をカウントダウンし始めます。**それをかわす自信がないのであれば、「飲みすぎちゃう」ではなく「お酒が進んじゃう」ぐらいにとどめておいたほうがいいかもしれません。

男は3語であやつれる

「あなたのおかげで、私、目覚めちゃったの」

少女マンガのHシーンで発見したセリフです。

「信じられない、ウソみたい、こんな私がいたなんて、こんな快感があったなんて！」こんなこと言われたら、男の魂は昇天してしまうのではないでしょうか。あなたのおかげで初めて快感を知ったとか、あなたのせいで目覚めちゃったの私……なんて男性に言おうものなら、彼は「もう、まいっちゃったよ」なんて言いながら友だち中に自慢をするはずですよ。

Hに関することだけでなく、つきあっている相手に、「あなたのおかげでこんなに素直な自分を見つけた」などということをメールで書いてあげたりするのもいいと思います。

「いままでの彼には、好きだってうまく言えなかったけど、○○君には素直に好きだって言える。私にもこういうことが言えるんだって気づかせてくれてありがとう」なんていうのも、感激ものです。

「こんなに楽しめる自分がいた」とか「こんなに恋愛が楽しいと思えるなんて」「彼に尽くす面があるなんて初めてわかっちゃった」というのもいいですね。

まだつきあっていない相手にも、デートの後に「今日のお店はほんとうにおいしかったです。中華のおいしさに目覚めちゃいました」とか「遊園地であんなふうに無邪気になれる自分を発見しました」のように使うことができます。「あなたのこと、つい考えちゃう自分がいて」というような告白系も、軽いノリだったらいいと思います。「こんな一途《いちず》な私がいるなんて（笑）」のようなニュアンスですね。

男性には『プリティ・ウーマン』や『マイ・フェア・レディ』のように、**自分の手で女性を開花させたいという願望がある**ので、こういうフレーズには弱いのです。ぜひ生涯に一度くらいはHのときに言ってみて、彼の反応を見てみましょう。自分が善行を積んだことがよーくわかるはずです。いずれにせよ、あなたの「目覚めてしまった」発言により、彼は映画『マトリックス』の主人公ネオのように、眠れる子羊たちを目覚めさせるヒーローの気分になれるのです。

2

「やんちゃなオレ」を認めてあげましょう！

最近「ちょい不良《ワル》オヤジ」がちょっとしたブームになりました。最初はギャグかと思いましたが、言われている男性はみんなうれしそう。これは立派なほめ言葉のようです。

「不良」や「ワル」に、男はみんなどこかしらあこがれているのです。ちょいワルの元祖男性誌『レオン』をはじめ、『ワルの仕事術』とか『ヤクザに学ぶ』といったタイトルの本もいろいろ出ていますよね。ワルのイメージは「悪」じゃなくて、あくまでも「不良」。前科三犯とか、決して〝本物〟のことではありません。

イメージでいうと、石原裕次郎や北方謙三。ちょっと若くすると哀川翔《あいかわしょう》。外国人だと、ジャン・レノやハンフリー・ボガートといったところでしょうか。

ワルのマストアイテムは、4WD、バイク、サーフィン、ヨット。ちなみに、海系だとワルなのに、登山や野鳥観察、キノコ狩りといった山系になると、とたんに超ヘルシーな感じがしてくるから不思議なものです。インドア系だとバー、シガー、ダーツ、ビリヤード。服装はもちろんイタリア系です。

ワルではあるけれど、仕事はきっちりやるし、妥協はしない。部下のミスの責任はきちんと引き受ける。もちろん家庭も大切にする(だからこそ、若い女にもモテちゃうみたいな)。でもプライベートタイムは、自分の時間。さっとイタリア製のスーツに着替えて、クラブでサックス吹いてますみたいな男像にあこがれるのです。

こぢんまりまとまっちゃいけない、やんちゃなオレを忘れちゃいけないと思っている。現実はそうではないことをわかっているからこそ、「ワルなオレ」を演出したくなるんですね。

似合わないド派手なネクタイや革ジャンを身につけながら、「昔はワルかったんだ」とか、「あの頃は荒れててさ……」なんて言ってみたくなる。これが男ってものです。大学生が「オレもチュウボーの頃は荒れててさ」とよく言うように、年齢はあまり関係がないのです。

そんな男心をぜひ盛り上げてやってください。男性が自分のワルぶりを披露し始めたら、笑ってはいけません。ここでうっとり尊敬のまなざしで見つめてあげてください。そして「○○さんってかっこいい」とつけ加えられたら上級です。

じつはみんな心のどこかで、自分は単なる群れのなかの子羊なんじゃないかと不安に思っているのです。だからこそ、「ワルなオレ」を認めてくれる女性には、とても好感を持ちます。きっと、堅実に仕事をがんばっている独身男性や、家庭を持って落ち着いている人ほど、「ワルなんでしょ」と言われたら大喜びするでしょうね。

「けっこう女の人泣かせてきたでしょ」とか「けっこうワルい男よね。でもそういう人に女は弱いのよね」などと言ってみてください。「失礼な、オレはワルじゃない！　善なる人間だ」なんて否定する人はいません。ワルな経験がほとんどない男性でも「オレもまあ、けっこうワルなところあるしなあ。酒飲みすぎちゃったり、燃えないゴミを燃えるゴミのほうに入れちゃったりさ……」なんて、自分のワルなエピソードを勝手に考えてくれます。

この章では、男性の「ワルでやんちゃなオレ願望」を満たしてあげるいろいろなキーワードを紹介します。これで、また男心をギュッとつかんでくださいね！

「ドキドキする」

ちょいワルを目指す男性にとって、とってもうれしい一言です。

逆に「あなたといるとくつろげる」とか、「○○さんの前だとリラックスできる」というのは完全にNG。女性に対して「くつろげる」や「癒《いや》される」というのは100％ほめ言葉になりますが、男性の場合「あなたは安全パイなんだから変な気を起こさないでくださいね」とか「あなたからはフェロモンなんてひとつも感じません」というよくない意味にとらえられてしまう可能性も高いのです。

「いい人だよね」というのも男にとっては、マイナスなレッテルを貼られた気分になります。

「いい人」は、ワルになりきれない、いわば「コーヒーはつきあえても、Hまではもっていけない男」というイメージなのです。男は、中学生くらいになると、みんな不良にあこがれるものです。ロックにあこがれたり、バーボンを飲んでみたり、頭にサングラス乗っけてみたり……。私もハードロックにあこがれて、家の中でサングラスをかけて、たばこくわえてギターを弾いて陶酔している姿を、母親に目撃されてしまい大変バツが悪かった、という恥ずかしい過去があります。男性は思春期の頃からワル願望が始まっているのです。

少女マンガのなかでも「いい人」は、結局女の子とうまくいかない。Hできるのは必ずワル。悪い男(でもほんとうはナイーブでやさしい男)が最後にもっていってしまうものです。だから、ぜひ**男性には「いい人」「安心できる」ではなく、「ドキドキする」って言ってあげてください。**「○○さんの前だと、私、心臓がドキドキしちゃうんです。なんでかな?」「○○さんから電話がくるとドキドキしちゃう」「明日デートだと思うとドキドキしちゃう」と、いろいろ言ってみましょう。

覚えておいてほしいのは、「安心(くつろげる、リラックスできる、いい人)VS. 刺激(ドキドキする、緊張する)」という図式です。ためしに男友だちに、どっちを言われたらうれしいか、一度聞いてみるといいでしょう。

「男らし～！」

これは、男性がラーメンやご飯の大盛りを頼んだときにすかさず言ってください。

男は自分が男らしいかどうか、とても気にしているものです。男らしさとは、豪快さとかワルとかいう部分。筋肉を触って「男らし～！」と言うのも効果的です。多少、力が必要なことで「オレがやってやるよ」と言われたときも、すぐに「男らし～！」と返すと効果的です。

女性に対して「女性らしいね」とか「やっぱり女の子だね」と言う場合はけっこう微妙だったりします。「～さんって、繊細だね」というふうに、〝女性〟でくくられるよりも、個人名で具体的に言われるほうがうれしい場合も多いようです。

でも反対に男性の場合には「○○さんって豪快ですよね」「○○さんって勇気あるよね」

ももちろんうれしいのですが、「○○さんって男らしい」でも十二分にうれしいのです。単純な「男」というくくりでも大丈夫なのです。

たとえば、先ほど書いたようにラーメンやご飯の大盛りを頼んだとき、肉をがっついているとき、「ほかのやつの仕事をオレも手伝った」とかいう話を聞いたとき、電車でちょっとヤバそうな人が乗ってきたのを見て「こっちに来いよ」とあなたをかばってくれたとき。**男気《おとこぎ》を感じたらすかさず「男らしいね」のひと言を返すこと**です。喜びのあまり、大盛りを飛び越して特盛を頼んだり、いつものスピード以上に猛烈な勢いで食べるかもしれません。

また、ちょっと頼りないところがある男性にも「男らし〜!」のひと言をかけると、男らしさを養わせる訓練にもなります。そう言われると単純にうれしいので、もっと男らしくなろうとがんばるのです。

番外編ですが、彼が女性のグラビアを喜んで見ているときには、「やっぱり○○君て男の子なんだね」と言ってあげてください。この言葉は責めている感じがしないので、彼も照れ笑いをするでしょう。「まあね」なんて言いながら。

隠していたアダルトビデオを見つけたときも同じ。「へぇー、こういうの好きなんだ……」と冷たく軽蔑した表情で責めてはいけません。逆に理解ある彼女になろうと思って「私も見たい」なんていうのもダメ。

アダルトビデオは、彼女とはまた別の、いわば「聖域」と思っている男性も多いのです。ここは明るく「男の子なんだね～」のひと言でとさらっと流すのが賢い方法なのです。

「大胆ですね」

「大胆」（「豪快」も同様の意味）というのは男らしさをすべて言い表せるマジックワードです。ワルな男は大胆で豪快ですからね。

男性雑誌に載っているかっこいい男性のインタビューに「還暦ヨットマンのあくなき挑戦。ヨットに費やしたお金は数千万。海の暮らしが長くなりました」みたいなものがよくあります。

それを読んでいる男性は「ヨットに人生を賭けた男」という大胆さや豪快さにあこがれつつも、現実には、会社は潰れないのかとか、年金は大丈夫かな、などとちまちま考えている。だからこそ、男のロマンを感じさせる「大胆」「豪快」などの言葉を言われるとグッとくるのです。「誰もが言えなかった本音を部長にぶつけた」「学生時代の貧乏旅行で、ヨーロッパを1日1000円でまわった」などの〝武勇伝〟が必ず男性にはあるものですから、ぜひそんな語りが入ったら、「うわ、豪快ですね」と言ってあげるといいでしょう。

少し似ている言葉として、「奥が深い」もあります。多分女性はこんなことを言われてもそれほどうれしくはないでしょうが、**男は「奥が深くて底知れないオレ」でいたいのです。**奥を掘っても掘ってもまだ知り尽くせないオレ。イメージは広大な海です。

「あなたのこと、わかってたと思ったけどまだまだそんな奥深い部分があったのね。私が甘かったたわ。あなたってほんとに計り知れないわ」というのを求めている。「○○さんがやっている仕事って奥が深いんですね」「○○さんってそういう部分があったんですね。深いなあ」などというふうに使えます。

また、シンプルに「○○さんって、なんか奥が深いですね」でもいいです。なにがどう「奥が深い」かなんて説明しなくてもいいのです。これもまた例によって「そうだよなあ、ときどき自分でも自分のことがわからなくなるしな」と勝手に解釈してくれます。

「大胆」「豪快」「奥が深い」。それがワルなオレ、男らしいオレ。映画やマンガでも「昼は冴えないサラリーマン。でもほんとうは闇組織のすご腕エージェント」みたいなストーリーがよくありますよね。このあこがれを「あなたってほんとうに大胆で、豪快で、奥が深いわね」という言葉でくすぐってあげればいいのです。

「もう、○○なんだから～」

「もう、やんちゃなんだから～」
「もう、子どもなんだから～」
「もう、甘えん坊なんだから～」

銀座のママたちがよく使う「もう、○○なんだから～」シリーズです。特に年上の男性はこうやって子ども扱いをされると喜ぶそうです。「△△ちゃんは子どもなんだから～」なんて、ちゃんづけで呼ばれたりするとさらにうれしいようです。

最近の男性の間では、お姉さんタイプが好きという人が増えています。かわいい子よりもカッコイイお姉さん。そんなお姉さんに「もう、こんな間違いしちゃだめだぞ」とか「遅刻しちゃだめでしょ」というふうに、やさしくしかられたい願望がある。そして、いつも僕をしかるお姉さんが、お酒を飲むと「甘えちゃっていい？」なんてもたれかかってくる。そんなシチュエーションを好む男性が増えているようです。

ただ、危険なのは、10代の男の子に「子どもなんだから～」はやめたほうがいい。背伸びして大人に見せたい世代に、子ども扱いは逆効果。若い子の場合は「やんちゃなんだから～」とか、「意地悪なんだから～」程度にしておくといいでしょう。

20代後半から30代になると、子ども扱いがうれしくなってきます。「子ども心を忘れない、永遠の少年なオレ」というのも、男性のあこがれる男性像だからです。もちろん、やんちゃ＝ワルという図式にもつながります。ただ、「甘えん坊」はOKですが、「頼りない」はNGです。意味は似ていますが、ニュアンスは微妙に違うので使うときには要注意です。

からかわれたときに「もう、意地悪なんだから～」と言うのもいいですね。女の人はからかわれ上手が絶対にモテます。からかわれたときに「失礼じゃないですか！」とキッと怒るのではなく、かわいくムキになって「そんなことないですよぉ」と言える子がモテる。「もう、意地悪なんだから～」と上手にからかわれてあげると、男心をくすぐります。**からかわれているようでいて、じつは自分のほうが一段大人になっている。**そんな心の余裕が大切かもしれませんね。

3

「リアクション上手」は絶対にモテモテです！

以前にアルバイトで雇っていた女性の話です。知り合いの編集者が「どんな男でも落としてしまうすごい女の子がいる。彼女が持っているテクは、絶対に伊東さんの仕事に役立つはず！」と紹介してくれた人です。

当時、彼女は大学院生だったので、週に一回ウチの会社に来てもらい、9時～17時までずっと「どうしたら男を落とせるのか？」についてひたすらノートに書いてもらうという仕事をお願いしたのです。

あるとき彼女に「Aさん、僕は来週から2週間出張に行くから、長い間会えないね」となにげなく告げたら、瞬時に「え～!?」というリアクションが返ってきました。

ひとりの男性としてなら、それだけで気分がよくなってしまうところですが、私は一応この道のプロなので、負けてたまるか！と、ぐっと踏みとどまって「なにが『え～!?』なの？」と聞いてみました。すると、

「だって、寂しいじゃないですかー」

ここで、「オレのことが好きだから、会えなくて寂しいのか。かわいいやつめ」と思ったら負けです。まるでキャバクラ嬢の手のひらの上で転がされる男

のようになってしまいます。それでは恋愛心理の専門家失格です。そこでさらに質問を続けました。

「じゃあAさん、『フランダースの犬』の最終回、ネロとパトラッシュが死んでしまう場面の悲しさを100点とすると、僕と会えない悲しさは何点?」

「…3点?」

小首をかしげながら、はにかんだ笑顔でそう答えられた瞬間、私は悟りました。「形からでいいんだ、心は入ってなくていいんだ」と。むしろ、すがすがしい喜びにつつまれました。

3点の悲しみ。それはいったいどの程度のものなのか。一本電車に乗り遅れたときの悲しさでも、15点ぐらいはあるだろう。牛乳の賞味期限が切れてたぐらい? いやそれも10点はある。CDが1秒音飛びしたとか、出かけるときに玄関に小石が転がっていたとか、せいぜいその程度か。そんな想像もつかない、ほぼ「ない」に等しい数値なわけです。

それでも、私と2週間会えないのが、たとえ玄関前の小石程度のことであったとしても、**「あ、そうですか」**とあっさり言われるより、**「え~!?」**と言われ

るほうがやっぱりうれしいよな、と実感したのです。

そこで考えてみると、モテる女性は圧倒的にリアクション上手なんですね。男性がなにか話した瞬間に、驚いてくれたり喜んでくれたり、悲しんでくれたり感心してくれたりという子がやはりモテるのです。

思い返してみると、合コンで観察していても、ノーリアクションの女性がとても多かった。男性が一生懸命しゃべっているのに、「ふーん、それがどうしたの?」という顔をしていたり、うなずきさえしていなかったりと、魂をどこかに置き忘れてきたのか心配になるほど。その男性のことを気に入らなかったからなのかと思いきや、じつはそうでもないと後でわかったりする。

実際、合コンなどの場面では、男性は場を盛り上げよう、女の子を楽しませようと、相当気を遣っているものなのです。だからこそ、「オレ、すごいラーメンが好きでさ、毎週食べ歩いてるんだ」というなにげない話に、女の子から「え、ほんとですか!?」と生き生きしたリアクションが返ってきたら、その瞬間、ほんとうに今日の合コンに来てよかったと思えるのです。**ちょっとリアクションするだけでもっとモテるようになるだろうな、という女性はとても多い**

のです。

よく、好きな人には好かれないのに、どうでもいい男性には好かれてしまう、という悩みを聞きます。それはどうでもいい相手だからこそ、自然にいいリアクションができているからという場合が多くあります。どうでもいい男性の「この間、焼き肉食ってさ」という話には、「いいなー、私も食いてぇー！タン塩とビールなんて最高だよね！」なんて江戸っ子みたいな生き生きしたリアクションを返せる。でも、それが好きな相手となると、おしとやかでエコロジカルな私を演出しようとして、とたんに「そうですか……。私は最近お肉を控えるようにしているんです」と冷めたリアクションになってしまう。

面白くもないのに、大げさにリアクションするなんて、そこまでしたくないと思うかもしれませんね。でも、たとえば英会話では、たいした話じゃなくても「グレート！」「ワォ！」などと合《あ》いの手を入れなければ会話にならないし、それは不自然でもわざとらしくもないでしょう。それと同じなのです。

別にウソをつきなさい、偽《いつわ》りのリアクションをしなさいということではありません。

たとえば「オレ、昨日カレー食べたんだよね」という程度の話で、「すごーい!」なんて言う必要はない。それは明らかなウソになる。あるいは、「インドまでカレー食いに行ってきたんだよ」という話なら、文句なくすごい話なので「すごーい!」と言える。その中間、たとえば「ネットで調べた都内ナンバーワンのカレー屋に行ってきた」程度の話だったら、とりあえず「えっ、ほんとに!?」ぐらい言っておけば、会話は盛り上がるのです。

グレーゾーンなら、とりあえず驚いたり、感心したりと、生き生きしたリアクションを返してあげてください。それによって相手のテンションも上がるし、自分自身も言葉に出すことでモチベーションが上がり、「それでそれで?」と自然に会話に熱が入ってくる。最初のリアクションひとつで、会話がうまくまわるようになるのです。自分も楽しいし相手も楽しくなるわけですから、言ってみて損はないはずです。

よく「いい女アピール」を勘違いしていて、高いお店に連れて来てもらっても、ノーリアクションだったり、「ここ来たことある」と言い放ってしまう女性がいます。でも残念ながら、そういうリアクションは男性をガッカリさせたり、あるいは怖がらせるだけ。「場慣れした素敵な女性」なんて感心されたりはしないのです。

「大人の女の洗練」を見せたければ、それは食事のマナーや、店員さんへの態度などで見せればいい。お店に入った瞬間、メニューを見た瞬間などは、無邪気に喜んでほしいと思うのが男性なのです。

ましてや会話となれば、やはりある程度のリアクションをしてもらえないと、ほんとうにその場がきつくなってしまうのです。リアクション上手で安っぽい女と思われたり、バカにされたりすることは絶対にありません。むしろ、**何ごとにも感激できる女性というのは非常に魅力的で、ポイントが高い**のです。

たとえ感激に値することではなくても、感激しているリアクションをする。それはもうマナーレベルだと考えてください。深く考える必要はありません。男性を幸せな気分にさせるための、一種の慣用句として、これから挙げるリアクションを活用してみてくださいね。

「へぇ～！」

まずはいちばん簡単な〝相づち〟から。相づちひとつで、会話の方向性はまったく変わってきます。同じ「へぇ」でも、乾いた「へー（それが何？）」ではなくて、「へぇ～！」と感情を込めることがコツ。あなたの話に関心を持っている、ということを表現するのが大切です。「〇〇さんのご趣味はなんですか？」「最近はジャズを聴くのが楽しいんですよ」「へぇ～！」と、ここは０コンマ何秒の瞬発力、反射神経の勝負です。

「えぇ」ひとつにしても、「えぇ!?（ほんとですか？　すごーい）」「えぇ……（なるほど、そうですよね）」のように、そこにカッコ書きでついてくるニュアンスが大事です。男性は、たとえば「趣味はワイン」と言ったあと、「へぇ～！」と驚きのリアクションが返ってきた瞬間に、手ごたえをつかみます。会話のボールを投げた後、女性がきちんと打ち返してくれることで、男性もまた投げ返せる。一発目のリアクションがきちんとできるかできないか、これがとても重要です。ためしにつまらない相づちを打ってみてください。相手はとたんにテンションが下がるはずですから。

男性にとって、**感じのいい女性は、「話に食いついてくれる」女性です。**それがデートに誘いやすい、一緒にいて楽しい女性なのです。反対にいくらボールを投げても食いついてくれない女性もいます。それはもちろん、興味を持たせるような話ができない男性の側にも大きな責任があると思いますが、それにしても、何千球ボールを投げても返してくれないような女性というのは、男性にとって魅力が感じられず、「あの子きついよね」と言われてしまうのがオチです。

強調したいのは、なにもすごい相づちでなくても、ここで挙げているようなごく普通の相づちでいいのだということです。「趣味は釣りなんだ」「へぇ～！」だけで十分。そこで身を乗り出して、「すごーい！　私もやってみたい！」とまで言ったりする必要はないのです。なにも難しいことではありません。ただ、これは瞬間勝負なだけに、普段から言い慣れていればすっと出てくるのですが、そうでないとなかなか難しいものです。トレーニングのつもりで、日常のなにげない会話でも、気持ちのよい相づちを打つことを心がけておきましょう。

「いいですね！」

さらにポジティブ度のレベルを上げたリアクションです。

「オレ、この間、仙台で牛タン食べてさ」「え、いいなあ、おいしそう！」。そう言われた瞬間に、男性はぐっとテンションが上がりますよ。考えてみてください。もし自分が話していて、こういうリアクションが返ってきたら、悪い気はしませんよね。念のために比べてみましょう。

△「今度、九州の温泉めぐりをしようと思うんだ」↓「へぇー」

○「今度、九州の温泉めぐりをしようと思うんだ」↓「いいですねぇ」

この違いを見れば明らかなはずです。「今日の昼はパスタだったんだ」ぐらいだったら、気持ちのよい「へぇー」で十分ですが、「昨日自分でパスタを打ってみたんだよ」だったら、やはり「いいですね！」がほしいところ。**つまり、相手にとっては多少なりともうれしい・楽しい話なんだろうなというときには、「いいですね！」を入れるのです。**

こういうリアクションは、もう「クセ」にしてしまったほうがいいと思います。私もこれをクセにしてしまおうと、自分が思ったことに対してさえ、「今日はトンカツにしようかな」「おっ、いいですねえ」と脳内リアクションをしているくらいです。

女性は、女性同士の会話だとこれができているのに、対男性になると、意外にできていない人が多いように思います。でも、こういう素直なリアクションをしてくれるのが、男性にとっては「かわいい女性」なのです。

年齢が上がるにしたがって、私たちは感動する気持ちを失いがちなところがあります。残念なことですが、いろいろなものが手に入り、いろいろな経験を積んでしまった分、感心や感動が薄れてしまうのです。

正直言って、フォアグラを食べたという話だけでは30代の女性は感心してくれませんよね。「ラングドック産のフォアグラをパリの三つ星レストランで食べた」ぐらいまで言って初めて、多少感心の目で見てもらえる。でも若い女の子だったら、フォアグラを食べたというだけで感心してくれるので、男性からすればそういうところがかわいく感じられるのかもしれません。逆に言えば、年齢にかかわらず、そういうリアクションができる女性はモテるということなのです。

あなたが大人の女性であれば、なにもキャピキャピして、鼻に抜けた声で「えぇ〜、いいなぁ〜」なんて言う必要はない。

「今度思いきってスーツをオーダーメードでつくってみようかと思うんだ」→（落ち着いているけれども感心や興味の気持ちを込めて）「それはいいですね」「素敵ですね」「どんなふうになるか楽しみですね」

「今度友だちとこんなパーティーを企画しているんだ」→「それは面白そうですね」「楽しそうですね」「うまくいくといいですね」

年齢にかかわらず、そして男性女性にかかわらず、**自分の話に「いいですね！」と言ってくれる人に好感が持てないわけはありません。**会話美人になるために、絶対にお勧めできるひと言です。

男は3語であやつれる

「行ってみたーい！」

誘われ上手になるためのリアクションです。

だいたい男が「オレＢＭＷ乗っててさ」と車の自慢話をしているようなときは、「乗ってみたーい！」のひと言がほしいものなのです。そう言ってくれれば、まず単純にうれしいし、「じゃあドライブでも行く？」と誘いやすくなる。「北千住のほうに、マニアックな焼肉屋があってさ……」「うわ、食べてみたーい！」と言われたら、「じゃ行こうか」と自然に言えるものです。

やはり女性にしても、男性から誘わせたいですよね。でも、女性のほうから「連れてって」というのは言いにくい。だからこそ、男性を誘いやすくしてあげるのがポイントです。「連れてって」「一緒に行きましょうよ」とダイレクトに言うのではなく、「行ってみたい」とひとり語りのように言うことで、間接的に「よかったら一緒に行きませんか?」「誘ってくれませんか?」というメッセージを暗に伝える。とても賢いやり方です。

男性からしても、誘うタイミングというのはなかなか難しくて、迷っているものなのです。合コンの最中、もしくは気に入っている同僚の女性と世間話をしているとき、いきなり誘うというのも、先走っているようでなかなか言いにくい。そんなとき、女性のほうから、「誘ってくれたらOKしますよ」というサインを出してくれると、とてもありがたい。

「誘われ上手」な女性は、こういうリアクションがとても上手です。

男性が一生懸命ボールを投げているのに、女性が取りこぼしているパターンがとても多いのです。「ウチの近くにこんなお店があってね」に対して、「行ってみたい」「食べてみたい」とひと言リアクションすれば、絶対に彼は誘ってくれるよ、という場面なのに、「ああ、そうですか」と気の抜けたリアクションで、違う話題に変えてしまったりする。それも、わざと受け流しているのかと思いきや、後で聞いてみると、意外とその彼のことを気に入っていたりする。もったいないですよね。

複合ワザで、「いいなあ」と、「私、○○したことないんです」を組み合わせるやり方もあります。

たとえば、まず男性に「最近なにかおいしいもの食べました？」と聞いてみる。「ああ、接待で築地のすごくおいしいお寿司屋さんに行ったよ」→「えー、いいな。私、築地でお寿司を食べたことがないんです」。こう言われたら、「さすがにその店は無理だけど、手頃でおいしい店を知ってるから一緒に行かない？」という展開になりやすいのです。

「いいな」でプライドをくすぐることに加え、**「したことない」で〝誘ってサイン〟を出せる**というメリットがあります。男性としては、そこまで言われて誘わないのは悪いよな、と軽いプレッシャーさえ感じると思います。相手がよほど興味のない女性でなければ、「じゃあ今度一緒に行く？」という展開になるはずです。逆に、「じゃあ勝手に行けば？」というリアクションだったら、相当に脈なしと思ってください。もしくは、どうしてもあきらめきれないというのなら、その男性がシャイで自分から「じゃ、行こうよ」が言えない可能性もあるので、勇気を振りしぼって「よかったら一緒に行きません？」のひと言を言ってみましょう。

同じ男性として情けない話ではありますが、「誘ってくれたらOKよ」サインがないと、誘う勇気がなかなか出ないのは事実なのです。

「うれしいな！」

待ち合わせ場所の確認メール。

△「渋谷のハチ公前に19時ですね。了解しました」

○「渋谷のハチ公前に19時ですね。了解しました。○○さんと久しぶりに飲みに行けると思うと、とってもうれしいです！」

この最後の「うれしいです！」がつくかどうかで、相手のテンションが大きく変わることと、改めて書いてみると明らかですよね。

「了解しました」で終わっても特に何か問題があるわけではありませんが、相手の心をつかむという点では段違いです。ちなみに、「楽しみです！」「楽しみにしています！」がついても同様でしょう。

面と向かっての会話だったら、テンションを上げて「えー、すっごいうれしいー！」でもいいし、落ち着いて「すごくうれしいです」というのも魅力的。私は男性同士での会話のなかでも使います。**相手がうれしがってくれる、というのは男性も女性も関係なくうれしいもの**ですが、「うれしがらせることができるオレ」というプライドがからんでくるところが、男性の特色です。

週末デートできることになって「うれしいな」。おいしいお店に連れて行ってくれて「うれしいな」。そんなふうにほめてくれるなんて「すごくうれしいな」。

なにか秘密のマニュアルがあるんじゃないかと思うくらい、感じがいいなと思う人はみなこの言葉を使っているものです。

うれしいなと言われると、相手はよりよくしてあげようと思う。よりよくされることでこちらもさらにうれしくなる……よい循環が生まれるのです。「うれしい」とひと言うだけで、相手のうれしがらせようとするエネルギーがさらにふくらんで返ってくる。面白いと思いませんか。

男性はそもそもあまり「うれしい」とは簡単には言わないものです。スポーツ選手が勝った後のインタビューでも、「さらに上を目指してがんばる」というような、ストイックなコメントが主流ですよね。それが男の美学だったりするわけです。だからこそ、素直に「うれしい」と言われると、そこに女性らしさ、かわいらしさを感じるものなのです。

「電話してくれてうれしいな」「好きって言われるとうれしいな」と、つきあっている相手に、女性が喜ぶツボを教えてあげる。そうした「育てる」という意味でも、効果が非常に高いフレーズです。

「そんなことないですよー」

モテる女性は、からかわれ上手です。男性がつまらないことでからかってきたとき、キッとなったら負けだと思ってください。その瞬間に男性は、「怖っ！」「くわばら、くわばら。触らぬ神にたたりなし、っと」と思います。悪い意味であなたに気を遣うようになってしまうでしょう。そうなるともう、あなたはデートに誘える対象の女性ではなくなってしまうのです。

女性から見た男性の「デリカシーのなさ」は、私も非常によくわかります。「おまえ、すごい太ったんじゃない？　豚バラ三枚肉って感じだよな、あはは」とか（子どもに向かって）「ほーらママが怒ってるよー。お猿さんみたいだねー。キーキーキーキー言ってるよー」とか。

ではなぜ、こちらの気を悪くするようなからかいをするのかというと、「からかえるほど気を許している」というつもりなのが大きな原因です。

別に本気でけなそうと思っているわけではないのです。男性同士の会話を聞くとわかると思うのですが、けなし合うのが親しさの証《あかし》のように思っているところがあります。

私は〝親愛なるからかい〟と呼んでいますが、「おまえ、すっげー太ったんじゃない？」→「わかる？　まあ、おまえのビールっ腹には負けるけどな」→（お互い）「あははは」という形で、お互いの友情を確かめ合うのです。

ところが、愛している男性だからこそ、「太った？」なんて言われると傷ついてしまう女性の心理が、多くの男性にはわかりません。また、テレの裏返しで、おしゃれしてきた女の子の服装をからかって、悪意なく女性を気落ちさせてしまったことに気づかないのです。

いずれにせよ、男性にしてみれば、シャレになるからこそ言えることなのです。男性同士でも、ほんとうにリストラ寸前の同僚に向かって、「リストラされるぜ」とは言わない。女性に「太ったんじゃない？」などと言ったりするのも、単なる親愛の表現に過ぎないので、そこで**「そんなことないもん」と言ってくれるとかわいく思える**のです。

これも言い方がポイント。本気で怒った表情で「ひどいですね」「それ、失礼だよ！」「そんなことないですよ！　昨日体重計で測ったばかりですから！」ではなく、「そんなことないですよ～」「ひど～い」と、かわいく意地張っている、というニュアンスで言うことです。

さとう珠緒さんのリアクションを参考にしてください。女性にはなにかとウケが悪いようですが、男性からするとああいうリアクションは単純にかわいいし、話しかけやすさ、いい意味での敷居の低さが感じられるものなのです。大人の女性であれば、余裕の笑みで「そんなことないですよー」と受け流せるといいと思います。

ただし、男性が言った言葉があまりに無神経で、ほんとうに傷つけられた場合には、きちんと言いましょう。冷静に、真剣に「○○君にとっては冗談かもしれないけど、そういうことを言われるとすごく傷つくからやめてもらえない？」と言うことです。言い方の硬軟をうまく取り入れて、かわいさや真剣さを、相手に上手に伝えていきましょう。

男は3語であやつれる

「やってみよう！」

私は『「できない」が「やってみよう！」に変わる心理法則』（講談社）という本を出しています。やる気しだいでいくらでも道が開けるのに、すぐに「できない」と言ってしまうことで、自ら道を閉ざしている人があまりにも多いからです。

たとえば、「意中の彼がなかなかデートに誘ってくれない」というとき。

自分から彼に電話すること、「よかったら飲みに行きませんか」と言うことを、「できない」と言う。でも、別にやってできないことではありませんよね。シャイだからとか、男の人から誘うものだとか、うまくいかなかったらみっともないし……など「できない」理由を並べ立てるばかりで終わってしまうのです。

また、恋愛相談を受けると、「私、どういう人が合うと思いますか？」と尋ねられることがよくあります。そこでたとえば、「年下が意外と合うと思いますよ。自分が引っ張っていく恋愛も経験してみるといいんじゃないですか？」と言うと、聞いたから答えただけなのに「私は年下なんて好きじゃないんです！」と怒り出す人がいます。

いままでの恋愛があまりうまくいかず、臆病になってしまい、その不安の裏返しでまわりのアドバイスを素直に受け入れられなくなってしまっている人。「どうせ私なんか」というネガティブなオーラを出している人を見ると、もっとオープンになればいいのにな、と残念に思います。他人批判・自己批判、他人否定・自己否定で身を守ろうとすることは逆効果でしかないのです。

逆に、オープンな女性というのは、そんなときには明るく「じゃあ、年下も視野に入れてみますね！」「うーん、正直いって年下はいままで苦手と思ってきたけど、機会があったらチャレンジしてみようかな」と、〝やってみようエネルギー〟を出してくるのです。

考えが前向きで、オープンな姿勢の女性はやはりモテます。「○○ちゃん、パスタ作ったりするの似合いそうだよね」→「じゃあ作っちゃおうかな」と言える子は、かわいげがありますよね。同性から見ても感じがいいはずです。

男性に置き換えてみればさらによくわかるかもしれません。こんな男性をあなたはどう思いますか？

「〇〇っていう本が流行ってるよね」↓「それってあれだろ？　その著者って△△で××だから、読むべきところなんかなにもないよ」

「この間ハワイに行ってきてすごくよかったんだ！」↓「でも、日本人ばっかじゃなかった？」

「いま、英会話の教室に通ってるんだ！」↓「まあ、いまからやってもネイティブみたいにしゃべれるようにはならないだろうけどね」

おそらく、気持ちのよくないネガティブオーラを感じて、あまり一緒にいたいとは思えないのではないでしょうか。それに比べて、

「じゃあ、オレも読んでみようかな」

「どういうところがよかった？　……オレも行きたいなあ」

「そうだよね、オレもちゃんと勉強しようかな」

といった**「やってみよう！」「がんばってみよう！」発言をする人は、非常に感じがいい**のではないでしょうか。

なんでもかんでもやらなきゃいけないというわけではないし、実際にやる・やらないは別です。前向きな「やってみよう！」の姿勢を見せることができるかどうかが大事なのです。

4

すてきな「ラベル」を
貼ってあげましょう！

心理学に「ラベリング理論」というものがあります。簡単に言うと、人は自分に貼られた「ラベル」に沿った行動をする、というものです。

たとえば、学校の生徒をランダムに二つのグループに分け、教師には「Aグループは伸びる生徒たち、Bグループはあまり期待できない生徒たち」と言っておく。すると半年後、実際にAグループの生徒たちの学力が伸びた、という実験結果があるのです。先生は無意識のうちに、それぞれのグループに貼られたラベルに合わせた言葉や行動で生徒たちに接していた。生徒たちはそこから、自分たちに貼られた「伸びる」「期待されていない」というラベルをそれぞれ感じ取り、それが実際の学力にも影響を与えたというわけなのです。

人は自己概念に沿った行動をするもので、この例のように「自分はできる」と思う子どもは実際に勉強ができるようになるし、逆に「おまえはダメだ」と言われ続ければセルフイメージも「ダメ人間」になり、言葉が悪くなったり、絵に描いたように「ダメ」っぽく振る舞うようになったりする。

私はイメージ・コンサルティングの仕事もしていますが、容姿の自己概念が低い女性のなかには、「自分はきれいではない、そして、きれいになれるはずもない」という思いが強いあまり、おしゃれな服を勧められても、似合わないと思い込んで試着すらしない人が多くいます。それでますます「きれい」から遠ざかってしまうのです。

これを恋愛面で言うと、たとえば彼に「ダメね」「頼りにならないわね」と言い続けていると、彼がその通りの行動をとるようになってしまうのです。浮気っぽい彼に「浮気性《しょう》のひどい男」と言えば、それが彼のセルフイメージになって浮気を繰り返すことになります。でもそこで「ほんとは浮気するような人じゃないわよね」という逆のイメージのラベルを貼ってあげれば、彼の自己概念を変え、誠実に行動するようになる確率を高めることができるのです。

カップルのケンカはたいてい、「おまえはそもそも○○だ」「あなただって△△じゃない！」と、マイナスのラベルの貼り合いに終始してしまうものです。でも、相手にマイナスのラベルを貼っても、いいことはひとつもありません。彼に「こうなってほしい」と思うのなら、「こうして」「ああして」とただ要求するのではなく、そのラベルを先に彼に貼ってしまえばいいのです。とても簡単だと思いませんか？　男性を「素敵なカレ」にする上手なラベルの貼り方を、これからお教えしたいと思います。

「やさしいね！」

ではさっそく具体的なラベルを見ていきましょう。

まず、「やさしいね」。私の知人で、夫婦関係が非常にうまくいっている女性がよく口にする言葉です。「オレが荷物持とうか？」なんて、旦那さんがちょっとした気遣いを示すたびに、このひと言が出てくるのです。傍《はた》で聞いていても、「これを言われたら弱いよなあ」といつも思います。

具体的になにがどう「やさしい」のかよくわからなくても、とにかくこう言ってラベルを貼られてしまうと、「自分は女性にやさしくする人間である」という自己概念ができてくる。また、「やさしい」というほめ言葉の報酬がほしくて、無意識のうちにやさしい行動をとるようになる確率が高まるのです。

ですから、ぜひ折にふれて「やさしいんだね」という簡単なひと言をあなたの彼や意中の人にかけてあげてください。

忙しいのに電話をしてくれた、食事するお店を決めてくれた、トイレに行くとき荷物を持ってくれた、駅まで見送ってくれた、ドアを押さえてくれた……。

「やさしいな」と感じた瞬間に、それを意識的に言葉にして、**彼に「やさしい人」というラベルを貼ってしまう**のです。これはもう、口ぐせにしてしまっていい言葉だと思います。

「誠実ですね」「行動力があるね」「頼りがいがあるね」「包容力があるね」などというのもよいでしょう。

「マメなんですね」は、ちょっと軽蔑のニュアンスがあるので微妙かもしれません。

「繊細なんだね」も、シチュエーションによりけりです。一緒に絵を見て「きれいだね」と言い合っているようなときなら、「感受性の豊かな人」というニュアンスが伝わるのでOKですが、落ち込んでいるときにかける言葉としては、「情けない人」というふうに取られてしまいますのでNGです。

他にもいくらでも使えますよ。彼の昔の恋愛話を聞いて「彼女を大切にする人なのね」。

仕事の話を聞いて「きちんと努力する人なんですね」「ずるいことができない人なんですね」。などなど、会話のなかでどんどんラベルを貼っていくこともできるのです。

私たちは心のなかで「あっ、この人ってやさしいんだな」と思っても、意外に相手には言葉にしてそれを伝えなかったりしますよね。でも、相手は超能力者ではないのですから、それではなにも伝わらず、なにも変わりはしないのです。自分のためにも、相手のためにも、ぜひそんな素晴らしいラベルを相手に貼ってあげてみてはいかがでしょうか。

男は3語であやつれる

「陰で努力していそうだよね」

これはほめ言葉が思い浮かばないときに便利なフレーズです。

以前「ほめる技術」のセミナーで講師をしたとき、参加者のうちの一人を立たせて、その人をほかの全員でひと言ずつほめる、という試みをしたことがあります。その「ほめられ役」の人が、最終的に40以上挙がったほめ言葉のなかで、いちばんうれしかったのがこの言葉だったと言っていました。

考えてみれば、誰しもなにかしら、程度の差こそあれ努力していることはあるもの。ですから、あまりこれといってとりえがなさそうな人のほめ言葉につまったときには、ぜひこのひと言を使ってみてください。例によって、「そうだよなあ、朝食はきちんと食べているしな」「日経新聞をかかさず読んでいるしな」と、この言葉だけで相手は勝手に自分なりの「努力しているポイント」を思い浮かべてくれますので、別にこちらから具体的なことに言及しなくても大丈夫です。**日頃の努力を認めてもらえた気がして、人によっては感激して涙を流すかもしれません。**もちろん、聞いているうちに、「ほんとうに努力家なんだな」と相手を見る目が変わることもあるでしょう。

男は「努力」という言葉が大好きなのです。たとえば仕事の話をしているときであれば、ストレートに「陰で努力しているんですね」と言えばいいし、そういう話の流れにならなければ、「いまふと思ったんですけど、○○さんって陰で努力していそうですよね」と水を向けてみるのもアリです。ダメ押しで「絶対なにかしているんじゃないですか?」なんて言えば、勝手に「自分はじつはこんなに努力している」というストーリーを語ってくれます。そうしたら「ああ、やっぱり」「さすがですね」とリアクションしてあげればいい。

これはおべっかの会話でもないし、相手も実際努力しているのですからウソでもない。相手からその話を引き出してあげているわけです。「ウソから出た誠」とでも言うべきでしょうか。話を引き出して、語らせて、認めてあげる。そうすることで、相手もいい気分になって「オレはこんなに努力している人間なんだ」と自覚できますし、こちらも相手のいいままで知らなかったいい面に気づくことができるのです。

「〇〇とか似合いそう」

「ヨットとか似合いそう」「海が似合いそう」「サッカーやってそう」など、イメージのよいものを「似合いそう」と言ってあげる。まったく似合いもしないものを、自分の心にウソをついてまで言う必要はありませんが、多少は誇張が入っていてもOKです。

私自身の経験をお話しすると、昔は着るものにはまったく無頓着で、こだわりも全然ありませんでした。それが服飾の専門学校に通っていた女の子とつきあっていたとき、彼女に「あなたは絶対モッズファッションが似合う、ロンドンっぽい雰囲気が似合うと思う」と言われたのです。それ以来、スーツはイギリスのブランドのものを着てみたり、ファッションにもがぜん興味が出て、気を配ったりするようになりました。その言葉がいまだに心のなかにこだましていて、いまでも気がつくと「ロンドンっぽい」ファッションばかりを志向している自分がいたりします。

たとえばオープンカーにしても、「似合うよ」という言葉を真に受けて乗るようになれば、最初は似合わなくても、乗っているうちにだんだん似合うようになってくるものです。**言われたときは「ほんとかよ」と思っても、**その言葉が心のどこかに残って、似合うように努力してみようかなという気になってくる。これも「ウソから出た誠」で、**徐々にそのイメージに近づいていく**のです。

彼がいまひとつおしゃれじゃないことで悩んでいる人は、特に使ってみるといいテクニックですね。男性は、おしゃれしたい気持ちはあるのに、どうしたらいいかわからない、という人が多いのです。そこに女性が、「イタリアのスーツが似合いそうね」「こげ茶の靴を履いたらかっこよさそう」と言えば、たいていの人は買いますよ。

企業研修でも、ファッションアドバイスをお互いにするセッションを設けたりします。そんなとき、私や他の参加者の女性が「○○さんだったら、こういうファッションが似合いそうですね」とのアドバイスをすると、ほとんどの方がうれしそうな顔をして、「じゃ、今度買いに行きます！」と言ってくれるものです。

スポーツならサッカー、バスケ、バレーあたりは、「やってそうですよね」と言われると男は無条件にうれしいはず。ゴルフだと「オッサンってことかよ!?」と微妙かもしれません。だったら、「乗馬が似合いそう」「クリケットが似合いそう」ぐらい、一気に貴族系へともって行きたいものです。そういえば、私の知人の小太りの男性は、出会う女性の3割ぐらいから「相撲やったら強そう」と必ず言われるそうです。

音楽系で、「ギター弾いてそう」「ピアノがうまそう」「ジャズが似合いそう」というのもいい。年上のおじさんに「課長はラップとか歌ったら似合いそうですね」と言ってみて、どんなリアクションをするかを観察するのも面白いかもしれません。

「料理してたら似合いそう」というのも、意外かもしれませんがほめ言葉です。ただし、「肉じゃが作ってたら似合いそう」とかいう方向になると「所帯じみた男」的なイメージになってしまい危険です。

想像力を働かせ、「これが似合うって言ったらうれしくなるだろうな」というラベルをどんどん相手に貼ってあげるといいでしょう。

「そういうのが○○君のいいところだよね」

あなたが誰かにほめ言葉をかけてあげたとします。たとえば、「○○ちゃんってほんとにやさしいよね」って。そんなとき、相手から「そうやって言ってくれるのが、△△ちゃんのいいところよね」とほめ返されたり、「△△ちゃんだけよ、そうやってちゃんと言ってくれるのは。ありがとう」なんて言われたらうれしくないでしょうか。

彼がなにかいいことを言ってくれたら、「そういうことを言ってくれるのがいいところよね」と、すかさずフィードバックしましょう。

自分の長所は、自分ではあまりわかっていなかったりするもの。ですから、それが見えた瞬間に、きちんと指摘してあげるのです。**自分のいいところを指摘してくれる人のことは嫌いにはなれないもの**です。ましてやそれが異性だったら、「そばにいてほしいな」との思いが強くなって当然ではないでしょうか。

言葉だけでなく、行動に対しても同じです。「いつもきちんとお店を予約しておいてくれるのが、あなたのいいところよね」など、一見ささいなことほど効果的です（ささいなことだからこそ、相手自身も気づきにくいのです）。「私のグチにいつもつきあってくれるところがいいところだよね」などというのもよいでしょう。

「いいところだよね」という言い方に違和感があるのなら、**「いつも××してくれるよね」**だけでも、同じ意味が伝わりますのでＯＫです。感謝の気持ちを込めて「いつも私の前で、笑顔でいてくれるよね」なんて言われたら、男性は相当うれしいでしょうね。これは女性でも、自分が言われたらうれしいと思う言葉ではないでしょうか。

この「いいところですよね」にもうちょっとノリを出してバージョンアップさせたのが**「だって○○さんってすごい××じゃないですか」**。たとえば、「だってすごいやさしいじゃないですか」「だってすごい誠実じゃないですか」のような言い方です。

「それはきっとまわりが誤解してるのかもしれませんね。だって、○○さんってほんとうはすごいやさしいじゃないですか」「モテるでしょ？　だって○○さんってすごく話が面白いじゃないですか」のように使うわけです。

同じイメージのラベルを貼るにしても、シチュエーションや相手との関係性に合わせて、いろいろな言い方ができることを覚えておきましょう。

たとえば「やさしい」なら、

①軽くなにげなく言えるのが「やっさしーい」。

②落ち着いた言い方だったら「そんなふうにやさしいのが○○さんのいいところですよね」。

③もっとふくらませてテンションを上げ、「だってすごいやさしいじゃないですか」。

こんなふうに、三段活用的に使い分けることもできるのです。

男は3語であやつれる

「こだわりがあるんだね」

男は「こだわりがあるオレ」が大好きです。

たとえば、男性ファッション誌には「できる男はクロノグラフ」「フォーマルダウンの最終兵器は、セクシーなつや感のあるエナメルシューズ」などという見出しがよく並んでいます。特に靴と時計に強い「こだわり」を持っている人が多いようです。

女性からするとかなり奇妙に見えると思うのですが、変にこだわるあまり、靴と時計ばかりが悪目立ちして浮いてしまっている人、いますよね。こだわりが強いばかりに、ファッション全体のセンスを上げる方向には向かわずに、一点に集中してしまったのです。

「靴にこそ男の品格が表れる」と信じて、週末は靴の手入れに没頭する。手入れの道具、たとえば靴クリーム選びでさえこだわる。それが男の美学です。「おしゃれ」とはちょっと違うのです。おしゃれをするのは「女々しい」けれども、こだわるのは「男らしくてかっこいい」。そんな図式が見え隠れします。

もちろん、ファッションだけではありません。男のラーメン談義を一度くらいは聞いたことがあるでしょう。背脂《せあぶら》とんこつ系だの支那そば系だの言いながら、学者のように議論を展開する。そうやって「こだわっているオレ」が好きだし、「こだわっている」ことそのものが楽しいのです。

男性はとにかく「こだわり」がちな生き物で、その方向性が人によってガンダムに行く人もいれば、ワインに行く人もいるし、靴に行く人もいる。誰もが一種の「おたく」なんですね。男は子どもの頃から、図鑑を見たりものを集めるのが好きだったりしますから、これはもう脳の構造がそうなっているのかもしれません。だからこそ、**「こだわってるオレ」を認めてくれるとうれしい**のです。

いかにもこだわっていそうな時計だったら、「その時計どこで買ったんですか?」「時計にこだわっている人ってすてきですよね」とほめてあげる。靴と時計がいちばんわかりやすくこだわりが表れるポイントなので、まずそこをチェックするといいと思います。

「こだわっている＝高いもの」ということではありません。むしろ、一見安そうな時計でも、スウォッチの限定なんとかモデルだったり、安いなりにこだわりがあるものだったりします。おそらくパッと見て変なもの、信じられないようなセンスのものほど、本人はこだわっている可能性が高い。そこを見つけて、こだわりを認めてあげて、こだわりのほどを語らせてあげるのです。

ただし、「オレは女の好みにはこだわりがある」と語る男は要注意。そういう男はほんとうに女性にうるさくて、見た目はどう、性格はこうというこだわりを延々と語り出します。「こういう女性ってすてきですよね」ではなく、「女はこうじゃなきゃいけない」みたいなことを誰も聞いちゃいないのに語ってくれるのです。

それには「こだわりがあるんですね」と言ってあげる必要はありません。「身の程知らずめが」との気持ちを込めて、冷たーい視線を送ってあげましょう。でも、そんなことなどおかまいなしに、きっと彼は「オレこだわり論」を続けてくれることでしょう。

男は3語であやつれる

「その厳しさは、やさしさの裏返しだよね」

『上司が「鬼」とならねば部下は動かず』（染谷和巳著、プレジデント社）という本が、おじさん世代の間でえらく流行ったことがあります。いい悪いは別にして、男性は「厳しさのなかにこそやさしさがある。厳しさは愛情の裏返し」と信じているふしがあります。それを踏まえて、男性からしかられたとき、注意されたときにぜひ使ってほしいのがこのフレーズです。

たとえば彼に注意されて、自分でもちょっとは悪いなと思ったとき。「たしかに私も悪いと思うけど、そんな言い方しなくてもいいじゃない」と言うかわりに、「それってやさしさの裏返しで厳しく言ってくれているんだよね」と言ってみましょう。きっと、彼は「そうだよ、当たり前じゃないか」と言いながら、逆にすごくやさしくなるはずです。

男性も内心は、こんなことを言ったら嫌われてしまうかも、オレって嫌なやつかも、やっぱり相手は女の子なんだからやさしくしなきゃいけないいんじゃないか……そんなふうにビクビクしています。だから、まず受けとめてもらえたことでほっとする。自分の真意がわかってもらえたとうれしくなる。そのうえ、「愛があるからこその厳しさを示せる、かっこいいオレ」というプライドまで満たされるのです。

ここで「ひどい！」と責め口調で言ってしまうと、「君のためを思って言っているのに、それがわからないのか」と、余計に説教がエスカレートしてしまいます。自分の真意が伝わらない悲しさや憤りで、攻撃モードが高まってしまうのです。するとそれを受けた女性がまた「ひどい！」と……こうなるともう悪循環でしかありません。

かといって、単純に「ごめん」と謝られるよりも、**「ほんとはやさしいから言ってくれているんだよね」「私のためを思って厳しく言ってくれているんだよね」**と言われたほうが、「そうだよ、よくわかってくれたな」と、思わず抱きしめたくなるほどグッとくるのが男性なのです。

もちろん、急にその場で気の利いたセリフを言うのは難しいかもしれません。ですから、注意されたり、ケンカしたその場では、責め返したり、くやしくて泣いてもいいでしょう。でも、必ず後で「私のことを思ってくれているのはよくわかっているよ」とメールしておきましょう。すると、彼も「オレも言いすぎたよ」と素直に謝ってくるかもしれません。最低限、大ごとになってしまう確率をグンと減らせるでしょう。

たとえほんとうは、単なる気分で口うるさく言ってくるような彼だとしても、しかられた機会を利用して、「あなたの厳しさの裏にはやさしさがある」というラベルを貼ってしまえば、やさしさを引き出すことができるのです。

「しかられ上手」というのは、ビジネス上でも大切なことで、このフレーズが言えると「好かれる部下」になれます。普段、嫌われている上司と飲みに行ったときにでも、「○○さんの厳しさの裏には、私、愛情を感じます」「厳しくできる上司こそ、ほんとうの意味でやさしい上司なんですよね」と言ってみてください。感動のあまりに泣かれてしまうかもしれません。そのときは、いいことしたな、ひとりの人間を救っちゃったな、来世に向けてよい種をまいたな私、と自らの器の大きさに酔ってしまいましょう。

「○○君の選ぶものだったらなんでもうれしいよ」

あるとき、「クリスマスプレゼントでほしいものをゲットする方法」を携帯サイトで募集しました。そこで寄せられた素晴らしいテクニックのひとつです。

「クリスマスプレゼント、なにかほしいものある？」と彼に聞かれたとき、まずは「○○君が選んでくれるものだったらなんでもうれしいよ」と即座に返す。そして、2～3秒考えたふりをして、「でもあえて言うなら、やっぱりネックレスとかうれしいかも」のように続けるのです。いきなりほしいものを言うのではなく、その前に一発フレーズを入れる。このちょっとした一手間があなたの好感度をグンと上げてくれるのです。

このフレーズには、「それほどあなたのことが好き」「あなたを信頼している」という①**プライドをくすぐる**メッセージと、「私はわがままな女ではない」という②**謙虚さを伝える**

メッセージの両方が含まれています。現実的なシチュエーションで、こう言われたからといって「じゃあオレに任せろ」と、ほんとうに独断でプレゼントを買ってくる男性は少ないと思います。万一、本気にされて巨大なくまのぬいぐるみなどを買われてしまった場合は、とりあえずあきらめて、来年からちゃんとほしいものを伝えるようにしてください。

とはいえ、「なんでもうれしいよ」と言っても、だいたいはこちらの希望を聞いてくれるはず。それに答える形で「あ、じゃあ、○○のネックレスをおねだりしてもいい？」とほんとうにほしいものを言ってもいいし、「うーん、でもやっぱり彼氏からネックレスもらったらすごいうれしいかも」と、冒頭で挙げたようにひとり語りでつぶやいてもいいでしょう。要するに、結局は「これをください」と指定しているわけですが、その前にこの枕詞があるかどうかで、彼の心に響く度合いはだいぶ変わってくるのです。

応用として、「○○君と一緒に食べるんだったらなんでもおいしいよ。でもたまには夜景の見えるお店でイタリアンとか食べたいな」というふうに、**行きたいところやしたいことに誘導する方法**としても使えます。この枕詞ひとつで、男性は「謙虚ないい子」という印象を持ちます。大げさではなく、「心がきれいな子だな」とまで思わせてしまえるのです。

「○○さんなら大丈夫ですよ」

男性が悩んでいるときや、落ち込んでいるときに、かけてあげるといいフレーズです。「あなたなら大丈夫」というラベルを貼ることで、彼のなかに眠っているやる気や勇気を呼び起こそうというわけです。

NGなのは、「こうすれば？　ああしたらいいんじゃない？」と矢継ぎ早にアドバイスしてしまうこと。彼は「彼女にアドバイスされちゃってるオレ」ということでプライドが傷つき、逆に情けない気持ちになってしまいます。

ただ、「○○さんなら大丈夫ですよ」と言うと、「根拠のない慰めを言うな」と、怒り出す人もたまにいます。

ですから、最初から「正直根拠はないですけど、○○さんなら大丈夫ですよ」と言い切ってしまうか、「だって○○さんって地道に努力する人じゃないですか」「人間関係上手だから、きっとみんな協力してくれますよ」というふうに、「だって○○じゃないですか」のテクニックと併用して、具体的な根拠を言うか、どちらかにするといいですね。

また、「私、応援してますから」「私にできることがあったらなんでも言ってくださいね」のようなフレーズをつけるとさらに効果的。

同情されたいのではなく、**「応援して」**ほしい。説教やアドバイスがほしいのではなく、**「勇気づけて」**ほしい。それが男性心理です。

男はプライドの生き物なので、仕事などでつまずいたりすると勇気が萎《な》えてしまう。そこに**女性からの「大丈夫ですよ」「応援してますよ」の言葉があると、「がんばろう」と元気が出る**のです。

できる男性の奥さんは、こういう励まし方が上手な人が多いように思います。

「あなたはほんとうに気が弱いのね、こうすればいいじゃない」などとは決して言わないこと。よく恋愛相談で、「彼が落ち込んでいる様子なんですが、なんて言って慰めたらいいんでしょう?」と聞かれることがありますが、そもそも「慰める」という発想自体が男性にはNGということを、覚えておいてください。

うつ病ぎみだとか深刻な場合には安易に使ってはいけませんが、彼がちょっと落ち込んでいる、勇気が少し萎えているといったときにはぜひ使ってみたいフレーズです。

男は3語であやつれる

「誤解されやすいのかもしれませんね」

これも人間関係で落ち込んでいる男性向けの言葉です。実際、男性は誤解されやすい人が多いのです。言葉や表情、態度を使って感情を表現するのが上手な女性と違い、男性は概して口下手、表現下手なものだからです。

彼が人間関係でつまずいていて、そのグチをこぼしたようなとき、このフレーズで「私はあなたのいいところをちゃんとわかっていますよ」というアピールをするのです。

注意したいのは、「誤解されやすいのかもしれませんね」の後に、「だってほら、あなたって笑顔が少ないじゃない?」のように、具体的なマイナスの根拠を挙げてはいけません。たとえ「オレのどういうところが誤解されやすいのかな?」と聞かれても、曖昧《あいまい》にごまかすか、「やさしすぎるんじゃない?」「気を遣いすぎなんじゃない?」などという程度にしておきましょう。つきあっている彼なら、「まわりが見る目がないのかもね」ぐらい言ってもいいと思います。

じつは、これは、彼女とうまくいっていない男性を奪いたいときにも効くテクニックです。彼女とケンカした、という話を聞いたときに、「彼女には○○さんのやさしさが伝わっていないのかもしれませんね」のように言うと、男性はほろっときて、**自分のことをわかってくれるのは、もしかしてこっちの女性なのかな？**という気になったりします。

でも、そんなときでも、彼女の悪口を言ってはいけません。彼女のことすらかばうように、「彼女もあなたのことをわかってあげる余裕がないのかもね」という言い方をすると、大きなポイントを稼げるのです。

応用ワザで「誤解していました」というのも使えます。

「○○さんのこと、正直誤解してました。いわゆる『いい人』だと思っていましたけど、けっこうワルなんですね」

「仕事はクールにこなすタイプかと思っていましたけど、誇りを持って情熱的に取り組んでいらっしゃるんですね」のように。一度下げておいてから持ち上げる、心理学でいうコントラストの効果で、非常に心に響く言い方です。

つきあうようになってから、「こんないいところがあるんだね、知らなかった」と言ってあげるのもいいと思います。つきあいだすと逆に「あなたって意外とだらしないのね」など、マイナスの発見を指摘してしまいがちだからこそ、心がけておきたいものです。

「信じています」

男は人から「信じられる」ということにとても弱いのです。映画のヒーローなどを見ていてもわかりますが、「自分を信じてくれる者のために命をかけて戦う」というのが、男の美学のひとつ。逆に、信頼を裏切る、裏切り者というのは、男として最低ランクという意識がある。そういうメンタリティを押さえた上でのひと言です。

どういうときに使えるのかというと、たとえば浮気を防止したいとき。「浮気なんかしないでよ、したら絶対許さないわよ」と言うより、「あなたは浮気する人じゃないわよね、私信じてるから」と言うほうが、浮気防止力は断然高い。これをきちんと言われて浮気ができる男がいるとしたら、相当なものだと思います。たとえできても、すごく深い罪悪感を持つはずです。浮気されたときには「あなたのこと、信じてたのに……」（その後に「がっかりです」「残念です」とつけ加えてもいいでしょう）で返すのが賢いやり方といえます。

「ラベリング理論＋信じてます」をセットにして使うのも効果的。相手にこうあってほしいというラベルを貼って、「信じてます」とダメ押しする。「○○さんってやさしい人ですよね、信じてます」「私のことをちゃんと考えてくれているからですよね。そう信じています」など、なんでもいいのです。とはいえ「結婚してくれますよね、信じてます」とか、夫婦間で「3年後に一戸建て買ってくれるわよね、信じてます」などと言うのはどうかと思いますが。メンタル面でのことなら、たいていのことはOKなはずです。

この「信じてる」は、かなり攻撃力の高いフレーズです。こうしてほしい、ああしてほしいと直接要求するよりも、ずっと相手をきつく縛ります。ある意味、脅《おど》しとすら言えるかもしれません。食事した後「また誘ってくれますよね、信じてます」と言われたら、男としては若干の怖さを感じつつも、誘わなきゃいけないなという気になるはずです。「信じてます」がついてしまうと、受け流すのは難しくなる。かといって「○○さん、『また食事でも』って言ってくれたのは社交辞令じゃないですよね、信じてます」なんて言われたら、むしろ怖すぎて逃げ出すでしょう。攻撃力が高い分、逆効果にならないように賢く使いたいものです。

「自分をしっかり持ってるんですね」

「会話のキャッチボールができる男性があまりに少ない」という女性からの苦情を、ほんとうによく耳にします。

だいたい男は「オレ論」を語りがちなもので、一方的に演説をぶってしまって、キャッチボールにならないことが多い（「会話」ではなく「演説」型のスタイルの人が多いのです）。それは「すごーい」と言われたいのと、「オレは自分をしっかり持っているんだ、主張のある人間なんだ」ということをアピールしたいという男性心理の表れなのですが、一方的に聞かされるほうはたまりませんよね。男性だって、こういう男性には閉口します。

相手が、勘違い気味の「オレ論」を自分に酔いながらとうとうと語りだしたら、途中から聞くのをやめてしまうのも、あなたのメンタルヘルスにとっては大事かもしれません。

モンゴルの大草原にいることをイメージしながら、宇宙の流れに身を任せ、雄大なる風のささやきのなかに「オレ論」をとけ込ませてしまうのです。そして、現実レベルでは「へぇー」「そうですか」と一応相づちだけは打っておいて、最後に「自分をしっかり持ってるんですね」で締めくくる。聞いてあげることももちろん大切ですが、あなたの心や体がまずはいちばん大事ですからね。

先日もフレンチレストランで、歯医者さんらしき男性3人が、女性2人を相手に延々とオレ論を語っている現場に遭遇しました。

まずはワインのうんちくから始まって、自分たちの大学受験体験談へ。「このオレが、すべり止めで受けた○○大落ちたなんてギャグだよね～、笑っちゃわない？」のような、意味不明な自慢話で、そんなひとつもおかしくない話で、男たちだけでゲラゲラ笑っている。そのうち、最初は聞こえていた女性たちの相づちが、ほとんど聞こえなくなりました。それでも男たちの「オレ話」は止まらないんですね。振り返ったら女性たちは、死んだような目をして黙々と鹿の肉を食べていました。心の底から鹿と彼女たちに同情しました。

こういうときは、聞いているだけで英語力がぐんぐん伸びる「ヒアリングマラソン」のテープが流れていると思ってください。男の「オレ論」を聞いているだけで、男心がぐんぐんわかる。「すごーい」という合いの手を入れるタイミングの練習にもなる。どうせ聞かなきゃいけないんだったら、自分のレベルアップのために積極的にその場を活用してしまうのもひとつの手です。

しかしまあ、これだけいろいろなところで繰り返し繰り返し「聞き上手な男はモテる」と言われているにもかかわらず、男の「オレ論好き」は止まらない様子です。

私もつい先日、「人の心は心理学なんかでわかるものではない。オレは心理学なんかに頼らずに、女性にモテてみせる」というオレ論を、焼き肉屋で30分も聞かされました。自分と目の前にあるカルビが心底かわいそうでした。**普通に会話ができる男性がいたら、それだけで貴重品と思ってください。**そういう人はつかまえておいて損はありませんよ。

「島耕作みたいですね！」

ほとんどすべての男性があこがれる、まさに「理想の男」。それが「島耕作」です。男性の理想のモデルも、世代、時代により変化しています。昔はショーン・コネリーや高倉健。30代～40代なら、本宮ひろ志のマンガの主人公のような、豪快そのもののキャラクターでしょうか。いまはそれよりもぐっとスマートな「島耕作」が、世代を問わずあこがれの男性像の共通認識になっていると思います。

仕事も一生懸命やるけれど、汚いことはしない。ガツガツしていない。その一方で、ヤクザの事務所に乗り込んでいくのも辞さないなど、やるときはやる。しかも、かかわった女性はみんな島耕作を好きになり、スマートに口説かれてしまう。それでいて、きちんと責任を取り、ゴタゴタせずにきれいに別れる……。

ほんとうに男のあこがれです。そこのツボをついてあげるのです。**男性に単純に「島耕作に似てますね」と言ったら、みんな喜びますよ。**若い男性だって、「将来は島耕作みたいになりそう」なんて言われたら悪い気はしないでしょう。

言い方のコツは、「似てますね」と言って「なんで？」と聞かれたら、「いや、なぜかよくわからないけど」「なぜだろう？」「なんか雰囲気が似てますよね」ととぼけてしまうこと。それだけで相手は勝手に自分の「島耕作らしいところ」を思い浮かべて納得してくれるはずです。最低限、「同じサラリーマンだしな」との共通項が見つかったりするのではないでしょうか。

おじさん世代には、「諸葛孔明《しょかつこうめい》」も効きます。部長が会議でいい発言したり、知的なことを言ったりしたら、「○○部長って孔明タイプですよね」。これで勝ちです。男で諸葛孔明みたいと言われてうれしくない人は絶対にいません。お世辞とわかっていても、ちょっとニヤけてしまうでしょう。

これが効くのは、プライドをくすぐられた喜びプラス、『三国志』という男の領域をこの女性は理解してくれている、といううれしさがあるからです。「信長」「家康」「秀吉」あたりは人によって好みが分かれるので、ちょっとリスクがあるでしょう。坂本龍馬、武田信玄あたりなら、ほぼ大丈夫だと思います。

このひと言で部長が元気になれば、部下にもやさしくなり、たくさんの人にその効果が波及するわけですから、世の中に光の種をまいたと思えばいいわけです。あなたのオーラもきっと輝きを増していることでしょう。

これがキムタクとかブラピになってしまうと、言われたほうも冷静に「お世辞だな」と思ってしまう。島耕作や諸葛孔明が有効なのは、誰も彼らの実物を見たことがないからです。言われたほうが勝手に解釈しやすいキャラクターなんですね。さっそく明日、誰かに言ってみませんか?

5

「透明感」を輝かせて、愛され上手になりましょう！

男ばかり数人で、とあるワインレストランで食事をしていたときのこと。そこのお店には、私が常々、感じがいいなと思っている女性ソムリエがいるのです。その日同席していた男性たちも、口々に彼女をほめていました。そして一人が、

「彼女には透明感がありますよね」

と言ったとき、なるほど、彼女の魅力のキーワードはそれだったんだ！と深く納得しました。

そこから、「大事なのは透明感だね」という話で盛り上がりました。もちろん、男は小悪魔っぽい女性とか、セクシーな女性にくらっときます。しかし、「口説きたい」「ちやほやしたい」ではなくて「いつもそばにいてほしい」。「一晩を一緒に過ごす相手としてではなくて「大切にしたい」じゃなくて「大切にしたい」。簡単に言えば、一晩を一緒に過ごす相手としてではなく、**彼女にしたい・結婚したいと本気で思えるのは透明感のある女性**です。

「透明感がある」を、「ピュアである」と言い換えてもいいかもしれません。根本的な部分で、透明感があることやピュアであることを女性に求めているのです。

それはある意味、女性にとっての「白馬の王子さま願望」と同じものかなと

も思います。女性も人によって、表面的な好みはいろいろだけれど、心のどこかでは、頼れる力強い男性に私をさらってほしい、いつまでも私を愛して守ってほしいというあこがれがあるはず。それはほとんどの女性に通じる、普遍的な願望ではないでしょうか。その男性バージョン、誰の胸にもある理想の「白馬のお姫さま」（?）が、ひと言で言うと「透明感のある女性」なのです。

誤解してほしくないのは、ピュア＝ロリコンでは決してないということ。若い子を求めているという意味ではないし、年齢は関係ありません。

男が求める透明感やピュアを別の言葉で表すとしたら、「かわいらしさ」や「けなげさ」といったところでしょうか。とはいえ単純にブリブリするとかいうことではないし、好きな男性のために徹夜してセーターを手編みしろというわけでもありません。おそらくこれらの言葉から女性が想像するものとは、かなり違うと思います。

男が求める「透明感」や「ピュア」とはいったいどんなものなのか、これから挙げる実際のフレーズを見ながら、少しでも感じ取っていただけたら幸いです。

「あっ、犬だ！」

道端に咲いている花を見て、あなたがなにげなく、「きれいな花！」とつぶやいたとします。その瞬間に男はかわいらしさをあなたに感じるのです。

そんなバカなと思うかもしれませんが、考えてみてください。男性ってそういうことをあまり言いませんよね。

男がうっとりとした表情で「きれいな花」とつぶやく。かなりギョッとするか、いわゆる男性に興味がある系統の男性だと思うのではないでしょうか。「なんて繊細な人、素敵！」とはなりにくいと思います（よほどの美男なら別ですが）。

目に留まった花を美しいと思う、その感性に男は女性らしさ、ピュアさ、透明感を感じるのです。おそらくこの言葉をつぶやいたとしても、男性からはなにもリアクションが返ってこないでしょう。しかし、心のなかでは確実に響いているのです。

あるとき、「オレの彼女はかわいい！　もうメロメロだ」とさかんに自慢している男性に、「どんなところがかわいいの？」と聞きました。すると、「それがさ、犬が歩いてくると、『あっ、犬だ』って言うんだよ。すっごいかわいいでしょ！」と目を細めて言うのです。一瞬、「こいつアホだ！」と思いましたが、ようく考えてみると、男で「犬だ！」なんて言う人はあまりいません。たしかに言われたら、かわいらしさを感じて然《しか》りだよな、と思ったしだいです。

そんなふうに、**見たものをただ口にするだけでも効果があるのです。**たとえば、

「あっ、おいしそうなケーキがあるよ」

「あの花、すごくきれいだと思わない？」

「あの犬、かわいいー」

「あの赤ちゃん笑ってるよ。かわいいね」

「今日の空、すごくきれいですね」

といったところはお勧めです。男があまり口にせず、女性が言うとかわいらしさやポジティブさを感じるものに的を絞るといいでしょう。

もちろん、なんでもかんでも言えばいいというものではありません。

「あっ、大戸屋だ」「あっ、サラリーマンだ」「あっ、信号だ」といちいち指差し確認をしていたら、どっかの王女がお忍びで庶民の街に来たのか、それとも、人間に化けた宇宙人が初めて地球旅行に来たのかと思われてしまいますからね。

私自身、長年男女の心理を研究してきて、女性を見習いたいなともっとも感じるのは、こういう「目の前にあるものをいつくしむ」心です。出された料理ひとつをとっても、男性は女性のように盛り付けの美しさ、お皿の美しさ、味わいのこまやかな点になかなか目がいかない。「うまいね」「おなかがいっぱいになったよ」ぐらいで終わったりしてしまう。

目の前にあるものひとつひとつをもっと楽しむ感性を身につけられたら、人生がもっと豊かになる男性も多いのではないでしょうか。そして、男性にとっては、自分にはなかなかない感覚だからこそ、相手の女性に尊敬を感じる部分でもあるのです。そんな素敵な感性をぜひ活用してみてはいかがでしょうか。

男は3語であやつれる

「緊張しちゃう」

キャバクラ嬢にだまされている男性たちを徹底研究したことがあります。すると、キャバ嬢メールにはこのフレーズがとても多いことに気づきました。

たとえば食事の約束のメールでも「フレンチなんて何着て行ったらいいの？　緊張しちゃうよ。眠れないかも〜」の後に、泣いている絵文字まで入っていたりする。

営業メールでも「私、○○さんの前だとなぜだかとっても緊張しちゃうの。他のお客さんにはそんなことないのに、どうしてかな〜？　もしかして○○さんのことが好きだから？　私をこんなにドキドキさせちゃうなんて、ほんとに悪い人ですね！　今日もお店で待ってま〜す」と。すると、男は「緊張しなくても大丈夫だよ！　オレ、△△ちゃんのことを愛しているただの普通の男だから！」なんてニヤニヤしながら能天気なメールを返す。……ほんとにもう、なんと言ったらよいのやら……これでは少子化問題や地球の環境悪化が一向《いっこう》に改善の兆《きざ》しを見せないのも当然でしょう。

まあ、それはいいとして、**「緊張しちゃう」と言われると、男はある種のかわいさやけなげさを女性に感じるようです。**

たとえば初めて二人でデートをするとき、高いお店に連れて行ったときなどにこう言われると、また例によって「ぬしはかわいいやつよのぉ」となります。さらには「女の子を緊張させちゃうオレ」とスター気分でプライドがくすぐられたりして、「緊張しなくても大丈夫だよ。オレ、普通の男だから（でもほんとうは眠れる獅子なんだけどね）」と気分よくオレ様になってしまったりする。たったひと言の「緊張しちゃう」が与える効果は大きいのです。

これは、恋愛相談を受けたとき、口下手な女性にアドバイスする言葉でもあります。緊張してうまくしゃべれないのなら、それを変に隠そうとするのではなく、そのまま伝えればいい。

「明日会えるのが楽しみです。でも、私、慣れるまでってけっこう緊張しちゃうから、うまくしゃべれなかったらごめんなさいね」と事前にメールする。

「会えるのをすっごく楽しみにしていたから、逆に今日は緊張しちゃってるのかも」と面と向かって言う。

「ずっと女子校だったので、男性の前だと緊張しちゃうんです。今日はうまくしゃべれなくてごめんなさい。でもすごく楽しかったです」と後からメールを入れる。やり方はいくらでもあるので、そんなに心配する必要はないのです。

シャイな女性がそれを無理に隠そうとしても、ぎこちないので逆に妙に不機嫌そうに見えたり、壁のある女に見えてしまいがち。でも男性からすれば、緊張してしゃべれないんだとわかれば、むしろかわいらしさを感じるし、「じゃ、徐々にお互いに慣れていこうね」と次へとつなげやすくなるのです。

むしろ普段明るい子でも、「あなたの前では緊張してしまうの」というのを見せられると男は弱い。ほんとうは筋肉が緩みっぱなしで超リラックス状態であったとしても、「なんか緊張しちゃうー」と言えるぐらいの度胸をつけておきたいものです。

「この間、パスタ作ったんだけど……」

いまどき、「料理は女が作るもの」なんていうのは明らかな偏見ですが、それでも男性の「料理上手な女」信仰には根強いものがあります。男尊女卑的な考えがまったくない、かなり進歩的な男性ですら、それを持っていたりするもの。女性にとっては不愉快なことかもしれませんが、それをあえて利用してしまいましょう。

女性で料理にまったく興味がない、全然作らないという人は少ないと思うので、意識的に料理のことを話題に盛り込んでみてください。男性に対して、自分が料理を作る人間だということをアピールして損なことは絶対にありません。料理といっても、「この間、真鯛のポアレ・ペルノー酒風味の香草入りバターソースを作ったんですよ」とか、そんなことを言う必要はまったくありません。パスタとかカレーとか、サラダ、野菜炒めぐらいで十分。むしろ肉じゃがなどの「おふくろの味」系は危険です。地味目な女の子が「私、肉じゃが作ったんです」なんて言ってしまうと、結婚に向けてがんじがらめにからめとろうとしている、見えない触手が迫りくるような恐怖感を男性に与えてしまいます。

「料理するの？」と聞かれたら、普段ほんとうに作っているのであれば、それをそのまま答えればいいし、それほどやっていなくても、「作りますよ。冷蔵庫のなかのものをちゃちゃっと炒める程度ですけどね」で十分……というよりむしろポイントが高い。ほとんどしない場合でも、「食べるのは好きだけど、作るのはこれからです」「がんばって作ってみようかな」のように、実際に作る、作らないは別として、作る気はあると、とにかくやる気さえ見せればいい。必要以上に手の込んだものが作れたり、料理上手である必要はないのです。

「この間、ガトーショコラ作ってみたら、失敗しちゃって……」というような、「失敗しちゃったエピソード」もかわいく感じるものです。難しく考えないでくださいね。

料理の話題を持ち出したかったら、まず相手に「○○さんは料理とかするんですか？」と聞いてみれば、たいていは聞き返してくれます。聞かれるのを待つのではなく、自分から話したい話題に相手を引き込むというのも大切なポイントのひとつです。

「すごい好きなんだね」

たとえば彼が、「上戸彩ってかわいいよな」と言ったとする。そんなとき、どんなリアクションをするのがベストだと思いますか？

NGパターンからいきましょう。「私の前でそんなことを言うのは失礼じゃない!?」と本気で怒ったり、「それって私より上戸彩のほうが好きってこと!?」と嫉妬したりするのは完全なNG。「バカ！　オレが愛しているのはおまえだけに決まってるだろ！　おまえに比べれば、この上戸とかいうやつなんてカエルみたいなもんだ」↓（キュピーンという効果音とともにバックに花が咲いて）「○○君♡　私も○○君のことが世界でいちばん好き♡」なんていう展開にはなりにくいものです。

「こういうメイクだからかわいく見えるだけじゃん」というふうにけなしたり、「男の人って、こういう子好きだよねー」とイヤミっぽいのもダメ。
かといって、「そうだよね、かわいいよね～。私も大好き！」なんて、できた女を演じて一緒に喜ぶ必要もありません。それをやりすぎると、むしろ「何か自分の神聖な領域を汚されたような」気になる男性も多いでしょう。

正解は、軽く受け流すこと。これにつきます。ニュートラルな声や表情で「そうだよねー」「かわいいよねー」で終わりにする。彼がその後も「オレは売れる前から応援してたんだ。売れてからファンになったやつらとはわけが違う」みたいな意味不明な熱弁を続けたとしても、「へー、そうなんだ」であくまでも受け流し続けるのです。

相手は大きなリアクションを期待しているわけではなく、あくまで「言わせてほしい」だけですから、この程度がじつはいちばん適切。そして、最後の最後で、マザー・テレサのような笑顔を浮かべて、**「すごい好きなんだね」と温かく包み込んであげる**ことができれば最高です。彼は「そうなんだよ」と言いながら、解脱《げだつ》したような満足げな顔を浮かべることでしょう。

男性がこのテの発言をすると、女性としてはどうしてもそこに深い意味を読み取ろうとしてしまいがちです。「私と上戸彩を比べてる」とか、「あれぐらい痩《や》せろって思ってるんだ」というふうに。

でもじつは、男性は特になにも考えていないのです。ガンダムとかラーメンとか、とにかく「自分の好きなもの」を語る、そのひとつに過ぎず、そこに深い意味があることはまずありません。深読みしすぎて自滅することだけは避けたいものです。

私も先日、ついやってしまいました。安田美沙子というアイドルがいかにかわいいかを妻に延々と語ってしまったのです。「この子ってすごいかわいくない？　いまは売れちゃってるけど、オレはミスマガジンの頃から注目してたんだ。彼女はそのときから光ってた」なんて発言から始まり、それに対して妻があきれた冷たい視線と表情を向けるもんですから、「いや、オレが彼女を好きなのは、外見じゃないんだ。この子は内面からの輝きがあるんだ。オレは心理学者だからそういうのがわかるんだ！」とどんどんエスカレートしてしまったのです。

その結果、夫婦関係が著しく損なわれ、現在でも我が家では「安田美沙子」という単語が出るたびに緊迫した雰囲気になります（「安田美沙子は我が家の火薬庫」です）。

そして、私はコンビニに積まれた雑誌の表紙に安田美沙子を見つけるたび、「ビクッ！」と怯《おび》えるようになってしまいました。思い返してみましたが、あのとき自分がなにを求めてそんなことを語りだしたのかさっぱりわかりません。単に情熱がほとばしってしまったのですね。

私事が長くなり、大変恐縮です。この項でお伝えしたかったのは、彼が他の女性のことをよく言ったときには、変に過剰反応をする必要はなく、ただ軽く受け流せばいいのだということ。それがアイドルだったりしたら、「すごい好きなんだね」でまとめればいいということ。どうしても受け流せないなら、「ちょっとやけちゃうな」とかわいくやきもちをやく程度にしておきましょう。

昨日もまた「ヤングサンデーの表紙、安田美沙子だったよ。すっごいうれしいでしょ？」と妻に嫌味を言われました。私の犯した罪が許される日が、一刻も早くきてほしいものです。

「会いたいけどがまんするね」

恋人に会いたいと思うのはごく自然な感情ですが、女性の「会いたい願望」の強さを見ていると、単に相手に会いたい、顔が見たいというより、会ってくれるという事実で愛情を測ろうとしている部分があるのではないかと感じます。

しかし、男性にはその気持ちは伝わりにくいようです。たとえ会えないにしても、彼が「オレも会いたいよ」と思ってくれているかどうかが大事なのに、男性はそういう気持ちまでは汲み取れなくて、単純に〝スケジュール調整〟という方向で考えてしまう。

女性から「会いたいな」と言われても、「いや、今週は無理だよ」とそっけない返事で終わらせてしまったり、「○○が△△で××だから」と理由をくどくど説明しながら説き伏せるような感じになってしまったりする。女性心理を考えると、「彼の言うことはわかるけど、なんかすごく寂しい気持ちになっちゃう」というところでしょうか。

女性は言い訳されればされるほど、「なんで会えないの？　私と会えなくていいんだ」と相手を責めてしまう。また、「私ってその程度の愛され方しかできない人なのね」と自分を責めてしまう。そうした態度は、正直言って、男性にとっては非常に重たい。そして、それを感じ取った女性がまた相手と自分を責めて……と悪循環になりがちです。

もちろん男性だって、女性に会いたいと言われるのはうれしいものです。そして、実際に会いたいという気持ちはあるのです。でも、重たい態度をとられると、まるで手かせ足かせをつけられて自由を奪われたような気がしてしまうものなのです。そこは注意したほうがいいと思います。

「会えない」と言われたら、「どうしてもダメ？」「一時間でも会えない？」ともうひと押しぐらいは言ってもいいでしょう。でも、そこで断られたら、**「そっか、すごく会いたいけど今週はがまんするね」とあっさり引き下がる。**こういうふうに言ってくれると、重たさを感じることがないので、素直に「ほんと、ごめんな。その分、来週の金曜は絶対に空けるから」という言葉も出やすくなるでしょう。

大げさではなく、「どうして会えないの？」「なんで会えないの？」「○○君は私と会わなくても寂しくないんだ」としつこく食い下がる女性よりも、「結婚したい」ポイントがぐっと上がるのです。

会いたい気持ちを感じさせる「がまんするね」がポイント。会えないと言われて「あっそうなんだ、じゃあいいや」とあまりにあっさり引き下がるのも、NGではありませんが△。会いたい気持ちはきちんと見せるけれども、責めたりしつこくしない。**「がまんする」でいじらしさとかわいらしさを演出する。**それらが「会いたいのに会えない」ときの賢いやり方です。

男性たちへの取材では、「会いたい会いたい」と言われると逆に逃げたくなるという意見がよく出てきます。でも、「別に会えても会えなくてもいいけどね」という態度ではやっぱりちょっと寂しい。会えないことで女性から責められるだろうと思っていたところに、さっとかわいく、いじらしく引き下がってくれる。すると、その分「今度の休みは彼女のためにたっぷり時間をとろう」という気になる人が多いようです。

男は3語であやつれる

「いつもわがまま言ってごめんね」

恋愛相談を受けていると、「いつもわがままばっかり言っちゃうんです」という女性がとても多いのです。それで「じゃ、そのことをちゃんと彼に謝ってる？」と聞くのですが、たいてい謝っていないんですよね。結局、反省していないんだな、直す気がないんだなと思うことがかなりあります。

ついわがままを言ってしまって、それでケンカになっても、「私はこういう性格なの！」と、自分は変わらずに、相手に許容してもらうことばかりを期待している人が多い気がします。性格は直らない。それはそれで仕方のない部分もありますが、大切なのはきちんと謝るということなのです。

つきあっている相手に対しては、多少はわがままを言うのは自然なことだと思います。

それを自分でちゃんと自覚している、わがままを言っていること、迷惑をかけていることもわかっている。でも好きだからつい甘えてしまうの、反省してます……という意味をこめて、3カ月に1回ぐらい、誕生日やクリスマスなどの記念日にでもいいですから、「いつもわがままばっかり言ってごめんね」と、真剣に言ってあげてください。そこにさらに複合ワザで、「○○君はやさしいから、いつもつい甘えちゃうの」「でも、わがままがすぎているときはちゃんと厳しくしかってね」とつけ加えるといいかもしれません。

もっとシンプルに、食事に行くとき「行きたいお店ある？」と聞かれて、ちょっと高いお店を指定しちゃった後などに、「ごめんね、わがまま言っちゃって」と言い添えるのも好感度が高いでしょう。そんなふうに、何げないシチュエーションでも使えるフレーズです。

「女性はわがままな生き物である」という、ステレオタイプなイメージを逆手《さかて》にとったテクニックともいえるでしょう。男は女性が多少わがままを言っても、女の子なんだから許してあげようと思ってしまうもの。わがままは女性の特権でもあるわけですが、**「わがまま言っちゃってごめんね」のひと言がきちんと言えるのが、「いい女」への近道**なのです。

男は3語であやつれる

「好きって言われるとすごく安心する」

いくら相手が自分を思ってくれていることがわかっていたとしても、女性はそれをきちんと「好き」という言葉で表現してほしいものですよね。

ところが男性は、なかなか「好き」と言えない、言わない人が多い。「オレがおまえを好きだってことは言わなくてもわかるよな」という態度になってしまったりする。

だからついつい「なんで言ってくれないの？」と責めたり、「言って言って」と迫ったりしてしまいがちですが、それではますます男性は口を閉ざしてしまいます。

「好き」と言えるように男性を動かすには、女性にとって「好き」と言われることがいかに大事かということを、上手に伝えていかなければなりません。そのときには、「責める」のではなく、「育てていく」という発想に切り替えることが大事です。

たとえば、彼がめずらしく「好き」と言ってくれたら、その瞬間を逃《のが》さず「ありがとう！」「好きって言われるとすごく安心する」「やっぱりうれしい」「つきあってよかったって改めて思うんだよね」「言葉に出してくれると違うんだよね」「女の子ってやっぱり好きっていう言葉に弱いんだよ」などと伝えるようにしてください。

これはまさに「育てる」という感覚で、そう言われたことで男性は、ただなにげなく口に出した「好き」という言葉が、そんなにこの子にとっては大切なんだ、ということを理解するのです。子どもに「ありがとう」の大切さを教えるようなものですね。また、「好きって言うだけで、こんなに女性を喜ばせてしまうオレ」というプライドもくすぐられます。

彼のほうからまったく言ってくれないときには、

「好きって言ってくれないかな。言ってくれるとすごく安心するんだよ」

「○○君が私のことを大切に思ってくれているのはわかっているけど、やっぱり言葉に出してもらえるとうれしいな」

と、かわいくおねだりしてみてもいいと思います。

テレだったり、「軽々しく言葉にするものじゃない」というポリシーだったり、理由はいろいろですが、男性はなかなか「好き」という言葉が口に出せない。でも、一度口に出してしまえば、意外と抵抗がなくなるものです。**そのひと言が、女性にはこんなにうれしいんだよ**、とほめて育てて、気楽に言葉に出せるようにしていくのが、賢いやり方です。

「傷ついちゃうな」

「アイ（Ｉ）メッセージ」は恋愛において非常に効果的です。「私」を主語にして、自分自身の気持ちや感じていることを素直に口にするやり方です。一方、「あなた」を主語にしたり、「あなた」のことを評価したような言い方を「ユー（Ｙｏｕ）メッセージ」といいます。比べてみれば明らかなので、いくつか例を挙げてみましょう。

「そんな言い方ってひどいよね」（Ｙｏｕ）
「そういう言い方をされると傷ついちゃうな」（Ｉ）
「どうして電話してくれなかったのよ!?」（Ｙｏｕ）

「電話がなかったから、すごく不安になってしまったの」（Ｉ）
「私がいるのに合コンに行くなんて、よくそんなことできるよね」（Ｙｏｕ）
「あなたが合コンに行くと、私のことなんかどうでもいいのかな、っていう気持ちになってしまうの」（Ｉ）

これでおわかりのように、ユーメッセージだと相手を責めたり、上から評価するような言い方になりがちです。すると、彼も「おまえこそひどいじゃないか」「忙しかったんだからしょうがないだろ」「そんなことオレの自由だろ」と攻撃口調になりやすい。するとまた彼女がさらに責め口調になり……と悪循環になってしまうのです。一方のアイメッセージでは、責めモードや評価モードのニュアンスがぐっと減るので、こうしたリスクが低くなるのです。

つきあっていれば、相手を責めたくなるときがあって当然です。でも、責め口調でいきなり始める前に、ほんのちょっと立ち止まって**「アイメッセージに翻訳できないかな？」**と考えてみてください。遠回りなようでいて、その一手間を惜しまないことが、結局はあなたの望む方向への近道になってくれることも多いのです。

「傷ついちゃうな」

「ちょっとがっかりしちゃったんだ」

「不安になってしまうの」

「寂しい気持ちになってしまったの」

そんな言葉をヒントにして、ぜひ「相手の心に響く」言い方を心がけてみてくださいね。

もちろん、アイメッセージは、「私、そのシャツすごく好きだな」「電話をくれてすごくうれしかった」「あんなに素敵なお店に連れて行ってくれて、すごく感激しちゃった！」というふうに、ポジティブなメッセージを伝えるときにも存分に使えます。「いいお店だったよね」という評価モードよりも、「素敵なお店で感激しちゃった」と素直な喜びを出してもらったほうが、男女を問わず、やはりうれしいのではないでしょうか。

私たちは意外と「自分の素直な気持ちを相手に伝える」ということをやりません。だからこそ、アイメッセージをぜひ活用していきたいものです。

男は3語であやつれる

「ありがとう」

ここまで読んできて、最後に出てきたのがこのあまりにも平凡な言葉なので、拍子抜けしている人も多いかもしれません。でも、これだけ大事な言葉だと誰もがわかっていながら、実際は言えていない言葉が「ありがとう」ではないでしょうか。

「ありがとう」が大切なんて当たり前じゃない、と思った人は、実際どれくらいこの言葉を使っているか、自分に問いかけてみてください。自分はすでに使っていると思う人も、もっともっと言える場面があるんじゃないかと、考えてみてほしいのです。

やはり男性は、女性に感謝されたいのです。言い換えれば、女性に感謝されるためなら……ありがとうという言葉のためならがんばれるのが、男性というものなのです。**「ありがとう」は究極の言葉。**相手が男性であろうと、女性であろうと、そうではないでしょうか。

彼に対して、どれくらい「ありがとう」と言っていますか？　電話してくれてありがとう、私のために時間を空けてくれてありがとう、好きだって言ってくれてありがとう。もっともっと「ありがとう」が言える場面が、じつはたくさんあるはずです。いまは彼がいない人だって、たとえば合コンなどで「ウーロン茶でも頼もうか？」と言われた瞬間に、ぱっと「ありがとう」が言えたら、間違いなく好感度が大幅アップですよね。

恋愛相談を受けていて、いちばん多いのは、「別れた彼が忘れられない」という悩みです。つきあっている間は「ありがとう」なんてそのうちいつか言えばいいやと油断している。別れてしまってから、それを後悔することになるのです。

つきあっている日常のなかでは、なかなか「ありがとう」の気持ちにはなれないかもしれません。でも、もし今日彼と会えるのが最後だと思ったら、いくつ「ありがとう」が言えるだろうかと考えてみてください。

今日会えることそのものにまず、ありがとうという気持ちになるのではないでしょうか。「会えてうれしいな、ありがとうね」と言ってくれる女性がいたら、男性は誰よりも大切にしようと思うはずです。そういう気持ちを持てる女性こそが、いい恋愛・いい結婚ができる女性ではないでしょうか。

おわりに――場面別「男をあやつる究極の3語」とは？

さて、いかがだったでしょうか。とにかく「今日から使える！」を目指して書いたこの本。男性とのコミュニケーションに対して少しやる気が出た、気楽に思えてきた、チャレンジしてみようという気になった。そんなふうに少しでも感じていただけたなら、とてもうれしく思います。

「はじめに」でも記したように、本書の内容は一種のシャレだと思って、ぜひ軽く受けとめてみてください。一口に男性といっても、もちろんいろんな人がいるわけですから、「うまくいかなかったらどうしよう」「これを絶対に言わなきゃいけないってこと？」など難しく考えずに、まずは「今日はこんなひと言を使ってみようかしら？」とゲーム感覚で楽しく気軽に始めてみればいいのです。

まずは予行演習として、お父さんに「すごーい！」と言ってみてはいかがでしょう。お父さんがテレビのクイズ番組に勝手に回答をしている。いちはやく正解を口にして、「どうだ！」とばかりに家族に自慢げな表情を浮かべるお父さん。そんなとき、いままでのように冷たい視線を向けるのではなく、「お父さん、すごーい！」と言ってみるのです。素晴らしい親孝行です。これに、「お父さん、頼りになるー」「教えて教えて」「お父さんてやさしいね」まで、日常生活に織り交ぜられたら、もう神の領域です。

ひとり暮らしの人はとりあえず明日、課長に「なんか課長って、島耕作みたいですよね」とつぶやいてみましょう。あなたは組織活性化に多大なる貢献をします。そうやって練習と自信を積み重ねながら、ここぞというときに彼氏や意中の男性に使ってみるのです。

そうそう、この本のタイトルは『男は3語であやつれる』でしたね。じゃあ、その3語って一体なんでしょう。「その3語とはあなたが決めるもの。答えはすべてあなたのなかにある」というとスピリチュアル本っぽくてかっこいいですし、「相手や状況によって違うのでいろいろ試してみてください」というと責任放棄で非常にラクなのですが、それではあまりに不親切ですよね。

「私なりの」もっともお勧め3語を以下に記します。場面別に挙げましょう（場面に適するように、本文の見出しとは若干違っているところがあります)。

合コン

①**「いいですね!」**
②**「すごーい!」**
③**「行ってみたーい!」**

デート

①**「こんなの初めて!」**
②**「うれしいな!」(※同様に「楽しみ!」「楽しいな!」も効果的)**
③**「あっ、犬だ!」**

つきあっている彼氏や夫に対して

①**「頼りになるー」**
②**「やさしいね!」**

③「そういうのが○○君のいいところだよね」

Hのとき

①「こんなの初めて！」
②「どうしてそんなにHが上手なの？」
③「私、目覚めちゃったわ」

ちょっぴり小悪魔になりたいとき

①「甘えちゃっていい？」
②「○○さんの前だと、ついお酒を飲みすぎちゃうの」
③「やっぱり○○さんじゃなきゃ、私、ダメみたい」

お父さんや会社の上司を勇気づけてあげたいというマザー・テレサのような心境になったとき

①「頼りになるー」（※「頼りにしてます」も効果的）
②「○○さんみたいな人、なかなかいないですよ」

③「島耕作みたい！」

以上です。もちろん、あなたのキャラクター、相手、状況によって変わるものであり、目次に記している聞き取り調査の結果に基《もと》づいて編集部がつけたハートマークの数と、必ずしも一致しないことからもわかるように、あくまでこれは男性心理を考慮した上での「私のお勧め」ですから、ぜひあなたなりの「究極の3語」を楽しみながら見つけてくださいね。

それでは本書を最後までお読みいただきましてほんとうにありがとうございました。あなたの人生がますます光り輝いていくことをお祈りしながら、ここで終わりとさせていただきます。

二〇〇六年四月

伊東　明

〈著者略歴〉
伊東　明（いとう　あきら）
心理学者（博士）。早稲田大学卒業後、ＮＴＴ勤務を経て、慶應義塾大学大学院にて博士号を取得。現在は、東京心理コンサルティング代表ならびに㈱ウィルシード顧問。男性・女性心理とビジネスコミュニケーションの研究を中心に幅広く活躍中。
著書には、『「聞く技術」が人を動かす』（光文社）、『「心理戦」で絶対に負けない本』（アスペクト）、『女が仕事について考えておきたいこと』（三笠書房）、『恋愛依存症』（講談社＋α文庫）のほか多数がある。

装幀…こやまたかこ
装画…平沢けいこ
本文デザイン…印牧真和

男は3語であやつれる

2006年5月22日　第1版第1刷発行
2006年9月6日　第1版第2刷発行

著　者　伊東　明
発行者　江口克彦
発行所　ＰＨＰ研究所
東京本部　〒102-8331　千代田区三番町3番地10
文芸出版部　☎03-3239-6256(編集)
普及一部　☎03-3239-6233(販売)
京都本部　〒601-8411　京都市南区西九条北ノ内町11
PHP INTERFACE　http://www.php.co.jp/
制作協力
組　版　ＰＨＰエディターズ・グループ
印刷所
製本所　凸版印刷株式会社

ISBN4-569-64954-8